创新主体的激励机制与政策

马　骏　张永伟　袁东明　等著

中国发展出版社
CHINA DEVELOPMENT PRESS

图书在版编目（CIP）数据

创新主体的激励机制与政策 / 马骏，张永伟，袁东明，等著．
—北京：中国发展出版社，2017.11
（国务院发展研究中心研究丛书．2017 / 李伟主编）
ISBN 978-7-5177-0100-2

Ⅰ．①创… Ⅱ．①马… ②张… ③袁… Ⅲ．①企业创新—创新管理—研究—中国 Ⅳ．① F279.23

中国版本图书馆 CIP 数据核字（2017）第 273233 号

书　　　名：创新主体的激励机制与政策
著作责任者：马骏　张永伟　袁东明　等
出 版 发 行：中国发展出版社
（北京市西城区百万庄大街 16 号 8 层　100037）
标 准 书 号：ISBN 978-7-5177-0100-2
经　销　者：各地新华书店
印　刷　者：北京市密东印刷有限公司
开　　　本：710mm × 1000mm　1/16
印　　　张：14
字　　　数：168 千字
版　　　次：2017 年 12 月第 1 版
印　　　次：2017 年 12 月第 1 次印刷
定　　　价：46.00 元

联 系 电 话：（010）68990630　68990692
购 书 热 线：（010）68990682　68990686
网 络 订 购：http://zgfzcbs. tmall. com//
网 购 电 话：（010）88333349　68990639
本 社 网 址：http://www.develpress. com. cn
电 子 邮 件：bianjibu16@vip. sohu. com

“创新主体的激励机制与政策”
课题组

课题组顾问：陈清泰　张军扩

课题负责人：马　骏　张文魁　张永伟　袁东明

课题协调人：周健奇

课题组成员：

马　骏　国务院发展研究中心企业所所长、研究员

张文魁　国务院发展研究中心企业所副所长、研究员

张永伟　国务院发展研究中心企业所副所长、研究员

袁东明　国务院发展研究中心企业所副所长、研究员

项安波　国务院发展研究中心企业所国有企业研究室主任、研究员

马淑萍　国务院发展研究中心企业所办公室副主任、研究员

周健奇　国务院发展研究中心企业所企业评价研究室副主任、副研究员

马　源　国务院发展研究中心企业所研究室副主任、副研究员

周　燕　国务院发展研究中心企业所副研究员

马晓白　国务院发展研究中心企业所博士

王继承　国务院发展研究中心研究员

王怀宇　国务院发展研究中心研究员

程　郁　国务院发展研究中心研究员

范保群　北京大学教授

吴剑峰　对外经贸大学教授

孟清扬　清华大学五道口金融学院博士研究生

廖　博　北京大学光华管理学院博士研究生

王成刚　龙信数据研究中心主任

赵　龙　龙信数据研究中心研究人员

吴宇晨　北京大学光华管理学院博士研究生

王　念　清华大学经管学院博士研究生

总　序

全面贯彻落实党的十九大精神，开创新时代政策咨询研究工作新局面

李伟

2017年10月，举世瞩目的中国共产党第十九次全国代表大会胜利召开。这是在全面建成小康社会决胜阶段、中国特色社会主义进入新时代的关键时期召开的一次十分重要的大会。党的十九大，作出了中国特色社会主义进入新时代、我国社会主要矛盾已转化为人民日益增长的美好生活需要和不平衡不充分的发展之间的矛盾等重大政治论断，确立了习近平新时代中国特色社会主义思想为党必须长期坚持的指导思想，提出了新时代中国特色社会主义的基本方略，确定了决胜全面建成小康社会、开启全面建设社会主义现代化国家新征途的目标。

党的十八大以来的五年，以习近平同志为核心的党中央以巨大的政治勇气和强烈的责任担当，提出一系列新理念新思想新战略，出台了一系列重大方针政策，推出一系列重大举措，推进一系列重大工作，推动党和国家事业发生历史性变革。如在宏观经济政策领域，面对近些年我国经济在增速、结构、动力等方面发生的深刻变化，五年来，以习近平同志为核心的党中央准确把握全球经济发展

大势和中国经济发展变化，不断创新宏观调控方式，形成了作出经济进入新常态重大判断、以新发展理念为指导、以供给侧结构性改革为主线、以稳中求进为工作方法论的宏观经济政策框架。具体而言，这个政策框架有以下几个鲜明特点：

其一，作出了新常态这一重大判断。从速度层面看，经济增长速度从高速增长转为中高速增长，经济发展的质量和内涵发生质的变化；从结构层面看，经济结构发生全面深刻变化，不断优化升级；从动力层面看，经济发展从要素驱动、投资驱动转向创新驱动。认识、把握、引领新常态是当前和今后一个时期做好经济工作的大逻辑。

其二，确立了新发展理念这一指导思想。创新、协调、绿色、开放、共享五大发展理念为经济社会发展提供了战略指引，是关系我国发展全局的一场深刻变革，攸关“十三五”乃至更长时期我国发展思路、发展方式和发展着力点。

其三，明确了推进供给侧结构性改革这一工作主线。供给侧结构性改革的最终目的是满足需求，主攻方向是提高供给质量，根本途径是深化改革，这是解决我国发展面临的突出问题与挑战的必由之路。

其四，确定了稳中求进这一工作方法论。坚持稳中求进工作总基调，并将之上升为治国理政的重要原则和经济工作的方法论，这是对经济工作思想方法作出的重大调整。强调要保持战略定力，在实践中转变急于求成的思想观念和操之过急的工作方法，推动经济转向平稳健康持续发展的轨道。

从五年来的实践成效看，在这一政策框架指导下，我国经济在经历多年调整后，趋势性下行的空间明显收窄，正在逐步迈入中高速增长阶段。特别是自2016年下半年开始，我国经济运行出现了一些积极变化，企稳基础有所增强，国际环境的有利因素也在增多，我国经济转型有望从“降速”阶段转向“提质”阶段。2017年前三季度基本延续了这一态势，经济增速达到6.9%，总体保持平稳，结构不断优化，经济发展的稳定性、协调性和可持续性增强，稳中有进、稳中向好的态势持续发展。

党的十九大对新时代推进中国特色社会主义伟大事业作出了全面部署，对开启全面建设社会主义现代化国家新征程作出战略安排，明确提出全面建成小康社会、实现第一个百年奋斗目标，又要乘势而上开启全面建设社会主义现代化国家新征程，向第二个百年奋斗目标进军。从2020年到本世纪中叶，分两个阶段安排：第一个阶段，从2020年到2035年，在全面建成小康社会的基础上，再奋斗十五年，基本实现社会主义现代化；第二个阶段，从2035年到本世纪中叶，在基本实现现代化的基础上，再奋斗十五年，把我国建成富强民主文明和谐美丽的社会主义现代化强国。这一系列战略部署为包括国务院发展研究中心在内的各类智库发挥作用提供了前所未有的广阔空间，如：社会主要矛盾所指的发展不平衡不充分的具体表现在哪些方面？本世纪中叶建成社会主义现代化强国的具体内涵和指标有哪些？现代化经济体系科学内涵是什么？如何实施乡村振兴战略？全面建设社会主义现代化国家新征程中将面临哪些风险和挑战？等等。这些重大问题，都需要智库加强前瞻性研究，提供切实可行、管用的决策咨询建议。

党的十九大指出，深化马克思主义理论研究和建设，加快构建中国特色社会科学，加强中国特色新型智库建设。智库建设的内容首次写进党的代表大会报告，令人振奋。这既为国务院发展研究中心建设国际一流高端智库提供了重大机遇，也为我们履行政策研究、政策评估、政策解读和国际交流合作“四位一体”的职能提出了更高要求。国务院发展研究中心将全面贯彻落实党的十九大精神，贯彻习近平总书记2013年4月15日关于智库建设的重要批示和中央关于智库建设的总体部署，加快落实国务院已批复的《国务院发展研究中心国家高端智库建设试点方案》，全面实施质量提升、人才优化、国际交流合作、成果传播、支撑保障和党的建设等六大工程，建立健全党的建设、人才使用与激励、研究质量保障和成果创新、经费使用和管理、成果转化和传播、研究支撑、国际交流合作、统筹利用社会资源等八个方面的体制机制，加快建设国际一流高端智库，力争到2020年进入高质量服务中央决策的政策支持力强、社会影响力大、国内领先、国际一流高端智库前列。

国务院发展研究中心将把深入学习宣传和全面贯彻落实党的十九大精神作为当前和今后一段时期的首要政治任务。作为服务党中央、国务院的政策咨询研究机构，我们将牢牢把握为中央决策服务的根本方向，以习近平新时代中国特色社会主义思想为指导，坚持马克思主义立场观点方法，坚持以人民为中心的发展思想，紧紧围绕十九大作出的“贯彻新发展理念，建设现代化经济体系”“加快建设创新型国家”“实施乡村振兴战略”“实施区域协调发展战略”“加快完善社会主义市场经济体制”“提高保障和改善民生水平，加强和创新社会治理”“加快生态文明体制改革，建设美丽中国”等一系列重大决策部署，坚持问题导向，精心选题，主动加强新时代中国特色社会主义有关经济建设、社会建设、生态文明建设的全局性、战略性、前瞻性、长期性以及热点、难点问题研究，大兴调查研究之风，不断形成一大批具有较高政策价值和较大社会影响力的研究成果，为中央科学决策提供有力的智力支持，努力开创新时代政策咨询研究的新局面。

“国务院发展研究中心研究丛书”是我们每年主要研究成果的集中呈现，自2010年面世至今，已经连续出版八年。今年这套丛书成书共包括15部著作，其中：《迈向高质量发展：战略与对策》《构建“一带一路”设施联通大网络》《打好风险攻坚战：思路与对策》等3部著作是国务院发展研究中心的重大研究课题报告；《协同：促进区域经济增长的新路径》《构建竞争力导向的农业政策体系》等9部著作，是各研究部（所）的重点研究课题报告；另3部著作是青年研究人员的优秀招标研究课题报告。

最后，对于多年来中央和地方各级领导同志给予我们的肯定和鼓励，以及社会各界读者的认可和厚爱，我们深怀感恩，并表示由衷的谢意。同时，我们也深知不足，诚恳希望各级领导、专家、学者和广大读者继续给予关心、支持和帮助，对这套丛书以及我们的工作多加批评指正，促使我们以更加振奋的精神和昂扬的姿态为推进国家治理体系和治理能力现代化、决胜全面建成小康社会、夺取新时代中国特色社会主义伟大胜利、实现中华民族伟大复兴的中国梦而不懈奋斗。

2017年11月

（作者为国务院发展研究中心主任、研究员）

前 言

创新是企业采用新技术、新工艺、新管理方式不断创造价值的活动，创新是企业发展的不竭动力。创新的本质是采用新的生产方式提高生产率，创造更多的价值，由企业和社会分享。创新不仅更好地满足了社会当下的需求，如人们衣食住行的需求，而且还创造出大量新的需求，如智能手机所承载的各类应用服务。随着人类探求和利用自然界规律的能力不断提升，新的技术不断涌现，企业创新的动力也源源不断。我们看到人类最近一百年创造的物质财富超过之前数千年，主要原因就是技术进步加快了企业创新的步伐。实践表明，技术进步是推动企业创新的主要力量，企业只有持续创新才能够长期生存发展。

本课题研究的特点是将对创新主体的研究与影响创新主体的外部环境研究相结合，同时从两个视角研究企业创新活动。一是从国家创新系统视角研究企业创新，二是从企业内部机制视角研究企业创新。传统的创新及创新政策研究，往往将企业作为“理性人”看待，主要研究企业创新的外部生态系统，包括要素市场、产品市场、产业结构、制度环境、政策环境等，重点关注国家对基础研究和关键技术投入、风险资本发展、市场需求激励等与创新密切相关的议题。“理性人”假设有时会失效，因为企业可能因为内部体制机制障碍不能及时对市场环境做出反应，如国有企业的行政化体制、大企业的官僚化体制等，也可能因为能力不足无法将技术转化为商品，如大量中小企业缺乏技术人才或研发投入不足。从企业内部研究企业创新，就是要打开企业“理性人”假设这个黑箱子，分析企业的治理机制、组织与流程、创新文化、创新激励、容错机制等与创新的关系，是否能够响应市场的需求，是否能够将技术转化为商品。本课题将二者结合起来分析，不仅关注国家创新系统的体制和政策问题，也关注企业层面的制度和政策问题，提出更加全面和有针对性的建议，让宏观和产业层面的政策更好地激励企业创新，让企业更加具有活力和创新力。

本课题研究的基本出发点是探寻企业创新的发展规律。遵循企业创新的规律，才能不断完善国家创新系统，才能提高政策的效能。为了研究企业创新的规律，本课题重点考虑两个方面的因素，一是创新的高风险对企业制度的要求。以技术创新为例，企业创新存在四类重要风险：①技术的不确定性。美国国防部将制造技术成熟度分为10级，成熟度最低的3级几乎全部靠公共资助，中间的4～7级是政府投资的主要着力点，通过公私合营促进技术成熟，成熟度较高的3级才是企业投资的重点，成熟度越低的技术面临的不确定性越高。②市场的不确定性。大量技术由于成本或需求的原因难以商业化，或者一时难以找到市场需求切入点。另外，市场竞争也是重要因素，同行的竞争度太高意味着淘汰率高，用户市场的竞争性低特别是市场垄断也容易导致创新的失败。③政策的不确定性。重大技术创新在政策上面临的不确定性包括技术标准、安全监管、行业监管、知识产权保护等多个方面，如一些生物医药产品因技术标准滞后而无法进入市场。④企业决策的失误。有时企业对创新的投入估计不足，或者在融资、研发、制造、市场推广等方面决策失误，也会导致创新失败。企业创新面临的高风险，主要来自创新的不确定性，多数都是企业不可控因素。为此，企业制度需要相应安排，激励企业担当风险的意愿，提高控制风险的能力。二是信息技术引起的企业变革。比如，产品智能化是信息化发展的新趋势，越来越多的制造业产品将内置包括传感器、处理器、存储器、通信部件和相关软件的智能模块，依托物联网和人工智能技术，让产品具备感知环境变化、自动决策、自我学习的功能。智能化将导致传统制造业向信息产业的特性靠近，一定程度上表现出显著规模经济和强大网络效应的特点。智能化将对企业产生深远的影响，包括：产品从硬件为主转变为软硬并重；企业与用户关系从一次性交易转变为长期服务；大数据成为企业重要资源；企业之间的竞争演变为产业生态圈的竞争。智能化的趋势为企业创新提供巨大机遇，也对创新生态系统提出了新的要求。

本课题采用问题导向而不是理论导向的研究方法。主要原因包括：从问题入手，更能反映当前企业创新的新现象、新趋势，紧跟时代步伐，让研究具有更强的创新性；从问题入手，提出解决问题的政策，符合政策咨询机构的使命；从问题入手，先分析后综合，为后续的理论总结提供素材。按照问题导向的思路，本课题精心挑选了企业创新中面临的若干典型问题，特别是对一些新形势下的新问题进行专题研究。每个专题独立成篇，包括了问题描述、原因分析和政策建议，篇幅力求简短，文字力求简洁。

本研究报告的内容主要如下：

一、企业创新评价

《我国制造业上市企业创新投入强度评价》《成长型中小企业的创新特征及政策建议》两篇报告分别构建分析模型，对制造业上市公司和新三板企业的创新情况进行了评价。《我国制造业上市企业创新投入强度评价》以我国制造业上市企业为评价对象，以企业研发投入强度和人均人力资本投入强度为评价指标，对2015年的企业创新投入强度进行综合评价。结果显示，在经济下行压力下，我国制造业上市企业创新发展需求迫切，保持了较高的研发投入增长；制造业各细分行业人均人力资本投入的差距在缩小，呈现出收敛趋势，不利于人力资本向强创新行业集中；从制造业上市企业创新投入的趋势来看，当前我国制造业转型升级表现出行业间横向深化显著、行业内纵向深化不足的特征。《成长型中小企业的创新特征及政策建议》分析5180家新三板挂牌公司的研发强度和高管持股情况，发现新三板公司研发强度普遍高于主板上市公司及其他公司，新三板挂牌公司由于更加注重股权激励使得其创新更有动力。为支持更多中小公司能在新三板实现高效融资和提升创新能力，建议国家应进一步明确新三板的公开市场功能和在国家创新体系中的战略地位，进一步完善新三板融资制度，发展多样化融资工具，提高市场流动性。在市场分层的基础上，以培育壮大创新型企业为导向，加快实现差异化制度安排。

二、企业创新的内在机制

《从股权激励着手增强企业创新动力》《国有企业需要建立包容创新失败的机制》《基于平台的开放式创新》《更加重视渐进式创新》《深度利用国际创新资源的路径与政策》《规范股权众筹企业发展的看法与建议》等6篇报告重点研究了企业创新的内在体制和机制。《从股权激励着手增强企业创新动力》研究了我国上市公司股权激励的效果，发现实施股权激励计划的企业在创新方面明显好于没有实施股权激励的企业，股票期权的效果好于限制性股票这种方式，民营企业无论在实施股权激励的数量及效果上都明显好于国有企业。建议进一步鼓励更多企业尤其是非上市公司实施股权激励计划，塑造企业创新的内生动力，同时要消除限制股权激励的障碍。《国有企业需要建立包容创新失败的机制》的研究发现，创新可以提升企业长期竞争力，但也是高风险的商业活动。国有企业拥有大量创新资源，但创新潜力未充分发挥，重要原因是缺乏包容创新失败的机制，其根源来自“股东主导”的公司治理，政府部门直接管理企业而又不具备商业经营的信息、能力和激励。建议减少政府直接干预，发展混合所有制经济，从利用国有企业促进创新向利用国有资本促进创新转变。《基于平台的开放式创新》以智能手机为例研究了基于平台的开放式创新，具有网络状结构的创新平台持续不断地激发行业上、中、下游的创新活力，集聚各类专业性、颠覆性创新成果，让手机最终发展成为具备移动通话功能的移动智能工具，为我国制造业实现转型提供有益的借鉴。《更加重视渐进式创新》研究了渐进式创新与突变式创新的特点，发现渐进式创新一般在现有资源和用户基础上不断改进技术，突变式创新则会导致企业原有生产资源沉没或者主要用户发生改变。各国在渐进式创新与突变式创新方面的不同路径与国家创新系统和企业特点有密切关系。日本渐进式创新处于世界前列，对日本产业发展和经济结构调整发挥了重要作用，其经验值得中国企业借鉴。我国创新基础比较薄弱，应该更加重视渐进式创新。《深度利用国际创新资源的路径与政策》发现中国已成为国际创新链的关键节点，全球创新资源有加速向中国集聚的趋势。利用得好，对解决我国产业升级中的诸多短板大有帮助。在利用国际创新资源方面，除传统的海外并购、引进技术与人才等方式外，近年来也出现了在海外建立孵化器、引进国际创新平台、到海外建立研发中心、建立新兴研究机构、利用新兴平台机构直接推动国外有专长的中小公司与国内产业链对接等新方式，并取得较好效果。建议从战略高度重视并利用好全球创新资源与中国产业对接这一千载难逢的“中国机会”，重点破解阻碍国际创新资源与中国创新对接的障碍，并对新的组织方式与组织平台给予适当政策支持。《规范股权众筹企业发展的看法与建议》研究了基于互联网、面向大众公开融资的股权众筹，发现众筹企业公司治理不完善、法律层面缺乏合法性确认、制度层面缺乏相应监管，发展面临困境。建议调整、修订相关法律法规，解决股权众筹合法性问题，这是其生存的基础和试错的前提；证监会等相关政府部门改进和完善对股权众筹市场的规制，这是其规范化发展的保障；引导股权众筹企业依托互联网技术，以可负担的成本构建适应性、自律性的公司治理体系，提升可持续发展能力和规范化发展水平，这是其可持续成长的根本。

三、信息化对企业创新的影响

《信息化推动企业变革的新趋势》《抓住智能化发展机遇，促进企业转型升级》《互联网企业合并频发的原因、影响与对策》《创新企业快速成长新模式初探》《支持“互联网平台＋小微企业”发展模式，促进“大众创业、万众创新”》5篇报告深入分析了信息化对企业创新的影响。《信息化推动企业变革的新趋势》研究了网络化与智能化带来的企业组织结构和行为模式的变化，包括：企业战略重视构建生态系统、新兴平台模式组织开始兴起、网络化改变了公司治理方式、研发向开放式创新模式转变、智能制造快速推进、机器替代工人、大众筹资新模式不断创新，企业与用户关系从一次性交易转变为长期合作。中国企业必须抓住信息化带来的发展机遇，创造出世界领先的生产方式和管理模式，提升自己的国际竞争力。《抓住智能化发展机遇，促进企业转型升级》分析了智能化将对企业产生深远的影响，包括：产品从硬件为主转变为软硬并重；企业与用户关系从一次性交易转变为长期服务；大数据成为企业重要资源；企业之间的竞争演变为产业生态圈的竞争。作者提出智能化革命为我国企业转型升级提供了巨大机遇，需要积极应对，一是积极推进人力资源结构转型，二是加快信息基础设施建设，三是继续支持我国芯片产业和核心软件发展，四是加强信息安全的监管，五是完善智能产品使用的技术标准和相关法规。《互联网企业合并频发的原因、影响与对策》分析了我国互联网企业并购频发的特点和原因，建议按照遵循产业发展规律和营造公平竞争环境的原则，对互联网企业间合并的事前申报原则上予以通过审查，并建立快速从简原则，同时加强对互联网市场竞争情况的跟踪评估，严厉查处企业合并后滥用市场支配地位限制或排除市场竞争的行为，另外统筹制定面向“互联网+”的监管规则，促进线上线下企业之间的公平竞争。《创新企业快速成长新模式初探》研究了创新企业快速成长的新模式的内在机制，可以概括为“烧投资者的钱、博用户的心、圆创业者的梦、革同业者的命”。将新模式产生的原因归结为技术革命步伐加快、全球化不断深入、创新的规模经济和网络效应等多方面因素。提出加快制度改革促进创新步伐建议，包括：鼓励和引导社会资本投资新兴产业，完善税制，鼓励员工持股和知识成果转化，完善公司法扩大企业创新空间，改进行业监管促进新旧业态的公平竞争。《支持“互联网平台+小微企业”发展模式，促进“大众创业、万众创新”》发现该模式有助于克服小微企业的规模不经济问题，比政府提供的公共服务更加高效，弥补了小微企业天然弱质性，发挥了小微企业灵活性个性化特点，形成了网络上的产业集群。但该模式也面临个人产品服务提供者是否需要工商登记、监管责任如何落实、市场主体之间的合同关系不清等问题。建议以包容心态鼓励“互联网平台+小微企业”模式发展，降低自然人进入平台经济的登记门槛，建立政府、平台、小微企业、消费者共同参与的互联网商业治理模式，允许互联网平台公司与自然人小微市场主体的关系定性为劳务承包关系或劳动关系，以促进分享经济发展。

四、行业创新的案例与政策

《加快推进面向“互联网+”的监管转型》《破除电动汽车行业地方保护的建议》《高清电视智能化创新需要融合、重构与突破》《“互联网+”时代创意产业的版权保护》4篇报告分别以互联网、电动汽车、高清电视、创意产业四个不同行业为例研究创新政策。《加快推进面向“互联网+”的监管转型》研究了“互联网+”对政府的传统监管体系形成了新的挑战，包括：改变了传统产业版图，颠覆了被监管的企业，挑战传统监管存在的基础；模糊了传统产业边界，挑战彼此分立的监管体制；打破了服务提供地域限制，挑战属地分割的监管格局；改变了产业组织模式，挑战政府直接监管商家的管理模式；数据海量增长和业务的频繁迭代，挑战传统线下巡查监管模式。提出加快推进面向“互联网+”的监管转型的建议，包括：重新审视政府监管的前提，动态调整监管对象和内容；坚持公平竞争的原则，支持“互联网+”的深化；在加强部门间、层级间和区域间监管协作的基础上，进一步整合分散的监管资源；发挥网络平台的作用，形成政府、企业和网民等利益相关方共同参与的治理格局；加强政府与企业间合作，利用大数据、人工智能等先进技术支撑监管和服务的精准化。《破除电动汽车行业地方保护的建议》研究了地方政府为发展电动汽车而保护地方市场的一些做法，具体形式很多，如以市场换取或要求外地企业在当地设厂，只给本地企业提供补贴，制定地方标准以保护本地企业等。这些做法已经扭曲为地方保护和市场分割，并进而成为制约电动汽车可持续发展的重大障碍。建议从建设全国统一市场、打造电动汽车全国大品牌出发，加快破除地方保护。可考虑取消地方补贴，同时加快推出新能源汽车积分管理办法以弥补补贴减少后对电动汽车的影响。要加强国家标准的权威性和制定过程的公开性。改革汽车行业税制，逐步提高汽车使用和保有环节税负，降低生产和购买环节税负，从根本上削弱地方抓生产侧的积极性。《高清电视智能化创新需要融合、重构与突破》研究了三网融合背景下高清电视的发展趋势，认为高清电视下一步的方向是智能化，创新的重点不再是单向技术突破，而是发挥后发优势与其他智能终端业务深度融合，并重构行业生态系统，突破点在于芯片。建议改革分业监管的管理体制促进业务融合发展，允许更多社会资本进入促进产业生态系统发展，以及建立高清智能电视芯片研发平台。《“互联网+”时代创意产业的版权保护》分析了

"互联网+"时代下创意产业对版权保护提出的新需求，不仅需要关注"有效保护"，还需要关注"便利应用"。一方面应当继续完善版权的"有效保护"，及时因应产业和创新的需要调整保护范围、认定新的侵权方式，适当提高侵权惩罚力度；另一方面应当注重建立版权"便利应用"的机制，扩大合理使用和强制许可的范围，推动版权快速流转机制的探索和尝试，推广知识共享协议的使用。

五、关于应用研究体系如何支持企业创新

《美国制造业创新中心的运作模式与启示》《重建应用研究体系，促进企业创新发展》等两篇报告重点研究了应用研究体系，应用研究体系是科研成果转化为商业产品的桥梁，是我国创新系统的短板。《美国制造业创新中心的运作模式与启示》发现美国制造业创新中心是公私合作、商业化运营的一个成功实践，通过政府牵引、企业主导、高校和科研机构支持，充分整合各种创新资源，形成了一个"产学研政"合作共赢的创新生态系统，打通了先进制造技术从基础研究到应用研究，再到商品化、规模化生产的创新链条，为美国制造企业提供经过验证的先进制造技术和应用示范，促进前沿创新技术向规模化、经济高效的制造能力转化。我国当前正在大力实施《中国制造 2025》，围绕重点行业转型升级和先进制造领域，形成一批制造业创新中心（工业技术研究基地），是其中的一项重大工程。美国制造业创新中心围绕特定的先进制造技术整合创新资源、打通创新链、商业化运作、技术创新与人才培养并重等经验值得我们学习借鉴。《重建应用研究体系，促进企业创新发展》研究了我国应用型公共研究体系从立到破、再重新探索的过程。分析认为在创新驱动发展的新形势下，产业和企业转型升级对应用研究的需求越来越大，而我国企业综合实力相对较弱，自身无法承担应用研究的任务，应用型公共研究不足已成为我国技术创新

链的一个短板。建议重建我国应用型公共研究体系非常必要，也非常迫切。重建我国应用型公共研究体系要坚持以地方为主、活力优先的原则，处理好应用研发资源存量与增量的关系，创新应用研发机构的体制机制，既建机构又建机制，形成一个多头并举、共同参与、承上启下、具有活力的应用研究体系，为产业和企业提供强有力的技术支撑。政府在重建应用研究体系中，要发挥机构设立、资金支持、方向引导等作用，有效支持各类应用研发机构的发展。

以上研究发现：我国企业创新的活力和能力不断增强，同时也面临新的机遇与挑战。创新主体的活力既与组织自身的结构、技术与机制有关，也与外部环境相关。进一步激发创新主体活力，需要继续深化改革和完善政策，包括：建立适应创新需求的企业制度，促进企业商业模式创新，深化国有企业改革；建立公平竞争的产业环境，加快行业监管转型的步伐；重建应用研究体系支持企业创新，既要设立新机构，又要建立新机制。

目 录

我国制造业上市企业创新投入强度评价

客观评价企业的创新能力有助于我们掌握企业和行业的创新动向，因情施策。以我国制造业上市企业为评价对象，以企业研发投入强度和人均人力资本投入强度为评价指标，对 2015 年的企业创新投入强度进行综合评价。结果显示，在经济下行压力下，我国制造业上市企业创新发展需求迫切，保持了较高的研发投入增长；制造业各细分行业人均人力资本投入的差距在缩小，呈现出收敛趋势，不利于人力资本向强创新行业集中；从制造业上市企业创新投入的趋势来看，当前我国制造业转型升级表现出行业间横向深化显著、行业内纵向深化不足的特征。

我国经济正处在从以要素驱动为主向以创新驱动为主转变的关键时期，创新是当前及未来我国经济社会发展的一个重要理念。企业是创新的微观主体，企业自身竞争力的提升，产业结构的优化升级，甚至经济发展模式的转变，都需要依靠企业的持续创新。客观评价企业的创新能力有助于我们掌握企业和行业的创新动向，因情施策。本报告继续以我国制造业上市企业为评价对象，以企业研发投入强度和人均人力资本投入强度为评价指标，对2015年的企业创新投入强度进行综合评价。结果显示，2015年我国制造业上市企业整体研发投入强度不断提高，已达到2.92%，远高于我国整体2.07%的研发强度。企业人均人力资本投入基本保持了与全国城镇居民可支配收入同步增长的幅度，2015年达到9.79万元。在1747家制造业上市企业中，强创新投入企业422家，占比24.2%；高研发投入企业771家，占比44.1%；高人力资本投入企业157家，占比9.0%；弱创新投入企业397家，占比22.7%。在16个制造业细分行业中，仪器仪表制造业、计算机通信和其他电子设备制造业、专用设备制造业、交通运输设备制造业、通用设备制造业的强创新投入企业比重较高，均超过30%，企业创新活跃度高，属于创新活跃行业；电气机械和器材制造业、汽车制造业、橡胶和塑料制品业、金属制品业的高研发企业比重均超过50%，属于研发活跃行业。

一、2015年我国制造业上市企业创新投入总体情况

截至2015年底，我国制造业上市企业共有1909家，其中披露研发投入的企业共1747家，占91.51%（第一节和第二节内容以1747家上市企业作为研究样本）。2015年我国制造业上市企业的研发经费共2737亿元，约占全国企业研发经费的四分之一。2015年制造业上市企业的研发强度为2.92%，远高于全国2.07%的研发强度，其中主板2.67%、中小企业板3.69%、创业板5.26%。2015年我国制造业上市企业共有员工837万人，人均人力资本投入约9.79万元，其中主板最高为10.59万元，中小企业板最低为8万元，创业板企业居中，

为 9.08 万元。

表1　　2015年我国制造业上市企业创新投入情况

	企业数量（家）	研发投入（亿元）	研发强度（%）	员工总数（万人）	人均人力资本投入（万元）
主板	771	2011.8	2.67	576.3	10.59
中小企业板	602	552.6	3.69	204.5	8.00
创业板	374	172.3	5.26	56.1	9.08
总计	1747	2736.6	2.92	836.9	9.79

从各细分行业的研发投入规模来看，2015 年我国制造业上市企业中，研发投入主要集中在计算机通信和其他电子设备制造业、汽车制造业、电气机械和器材制造业、交通运输设备制造业等四个行业，其中，这四个行业分别占全部研发投入的 22.7%、16.8%、10.5% 和 7.3%；食品加工制造业、橡胶和塑料制品业、非金属矿物制品业、纺织服装业、仪器仪表制造业等五个行业的研发投入较少。从研发强度来看，仪器仪表制造业及计算机通信和其他电子设备制造业等两个行业的研发强度最高，均高于 5%；纺织服装业、化学原料和化学品制造业、有色金属冶炼和压延加工业、食品加工制造业等四个行业的研发强度较低，均不到 2%。从人力资本投入来看，制造业上市企业员工主要集中在计算机通信和其他电子设备制造业、汽车制造业、电气机械和器材制造业、化学原料和化学品制造业、食品加工制造业、黑色金属冶炼和压延加工业等行业，非金属矿物制品业、金属制品业、橡胶和塑料制品业、仪器仪表制造业等行业的企业员工相对较少；从人均人力资本投入来看，交通运输设备制造业、通用设备制造业、专用设备制造业、黑色金属冶炼和压延加工业及汽车制造业等行业的人均人力资本投入较高，均超过 10 万元，纺织服装业最低，不到 7 万元。

表2 2015年我国制造业细分行业上市企业创新投入情况

行业分类	企业数量（家）	研发投入（亿元）	研发强度（%）	员工总数（万人）	人均人力资本投入（万元）
电气机械和器材制造业	183	286.0	3.73	76.6	9.13
非金属矿物制品业	61	39.8	2.28	23.6	8.56
黑色金属冶炼和压延加工业	32	198.3	2.16	56.6	11.21
计算机、通信和其他电子设备制造业	254	621.1	5.44	136.8	9.65
金属制品业	50	41.6	2.05	20.8	9.00
汽车制造业	96	459.1	2.81	109.8	10.47
铁路、船舶、航空航天和其他运输设备制造业	37	200.8	4.19	46.8	12.56
通用设备制造业	114	138.7	3.85	31.9	12.16
橡胶和塑料制品业	53	55.1	3.62	16.1	9.04
医药制造业	159	153.6	3.61	52.5	9.00
仪器仪表制造业	35	15.0	5.79	4.3	9.22
有色金属冶炼和压延加工业	56	82.9	1.14	32.6	8.95
专用设备制造业	169	153.3	4.19	43.3	11.55
化学原料和化学品制造业	208	145.1	1.55	62.9	9.29
食品加工制造业	95	59.9	1.01	60.9	9.15
纺织服装业	63	32.9	1.96	34.4	6.59

二、2015 年我国制造业上市企业创新投入强度综合评价

（一）制造业上市企业创新强度的整体分布

通过对不同细分行业的研发强度和人均人力资本投入强度进行二维评价，可以获得每个行业的强创新投入企业、弱创新投入企业、高研发投入企业和高人力资本投入企业，加总之后得到四类企业的总量。结果显示，在 1747 家制造业上市企业中，有 422 家属于强创新投入企业，占 24.2%；397 家属于弱创新投入企业，占 22.7%；771 家高研发投入但低人力资本投入的企业，占 44.1%；157 家低研发投入但高

人力资本投入企业，占 9.0%。如果仅考虑研发投入，有 68.3% 的企业属于高研发投入，同样，如果只考虑人力资本投入，有 33.2% 的企业属于高人力资本投入。表明，上市企业在产业转型升级过程中，都优先考虑增加研发投入，而对人力资本投入的增加相对较弱。

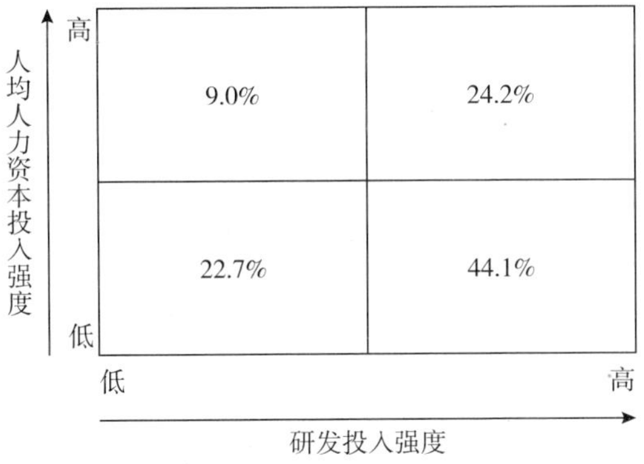

图1　2015年我国制造业上市企业创新投入强度整体分布

（二）制造业上市企业创新强度行业分布

对 16 个制造业细分行业的平均研发投入强度和人均人力资本投入强度进行二维评价，并以全部样本企业的平均研发强度和人均人力资本投入强度作为轴线，可以形成制造业各细分行业的创新投入强度的行业分布。评价结果显示，通用设备制造、专用设备制造、交通运输设备制造业属于强创新行业，其研发投入强度和人均人力资本投入强度均超过均值；化学原料和化学品制造业、有色金属冶炼业、非金属矿物制品业、金属制品业、食品加工制造业、纺织服装业属于弱创新行业；仪器仪表制造业、电气机械及器材制造业、计算机通信和电子设备制造业、橡胶和塑料制造业、医药制造业属于高研发投入行业，仪器仪表研发投入强度在所有行业中最高；黑色金属冶炼业和汽车制造业属于高人力资本投入行业。

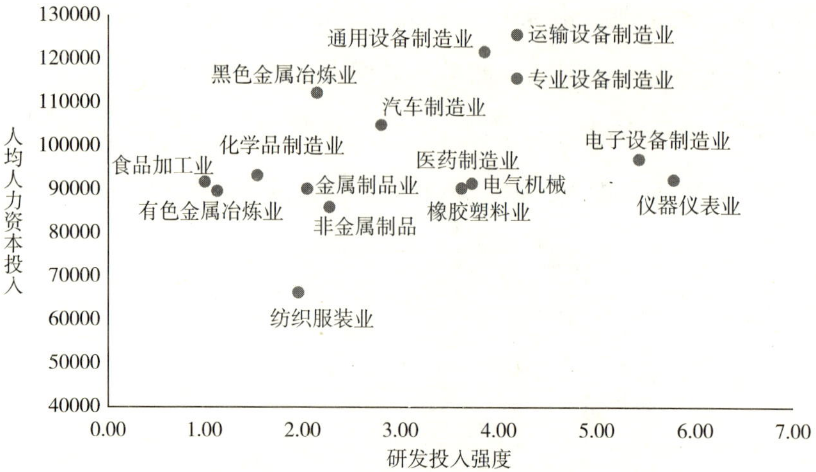

图2 2015年我国制造业上市企业创新投入强度行业分布

（三）不同上市类型企业创新投入强度分布

从制造企业上市的类型来看，通过对主板、创业板和中小企业板上市企业进行二维分析，评价结果显示，在主板上市的771家企业中，强创新投入企业176家，占22.8%，高研发投入企业244家，占31.6%，高人力资本投入企业119家，占15.4%，弱创新投入企业232家，占30.1%；在中小板上市的602家企业中，强创新投入企业121家，占20.1%，高研发投入企业307家，占51.0%，高人力资本投入企业33家，占5.5%，弱创新投入企业141家，占23.4%；在创业板上市的374企业中，强创新投入企业125家，占33.4%，高研发投入企业220家，占58.8%，高人力资本投入企业5家，占1.3%，弱创新投入企业24家，占6.4%。显然，中小企业板与创业板的企业绝大部分为强创新投入企业和高研发投入企业，主板与中小企业板中弱创新投入企业占比较大，高人力资本投入企业占比在主板较高，在中小企业板和创业板都非常少。

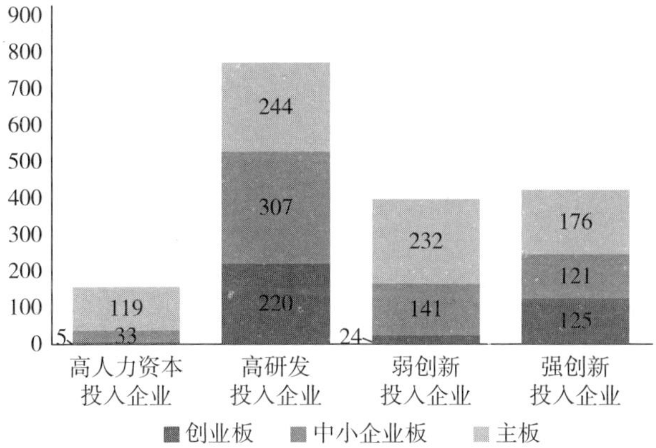

图3 2015年制造业上市企业创新投入强度上市类型分布

（四）各细分行业企业创新投入强度分布

对制造业细分行业上市企业分别进行二维评价，可以得到各行业企业创新投入强度的分布结构。评价结果显示，仪器仪表制造业、计算机通信和其他电子设备制造业、专用设备制造业、交通运输设备制造业、通用设备制造业的强创新投入企业比重较高，均超过30%，企业创新活跃度高，属于创新活跃行业。此外，电气机械和器材制造业、汽车制造业、橡胶和塑料制品业、金属制品业的高研发企业比重均超过50%，企业研发投入高，属于研发活跃行业。

表3 2015年制造业上市企业创新投入强度分布 单位：%

行业分类	强创新投入企业	高研发投入企业	高人力资本投入企业	弱创新投入企业
仪器仪表制造业	42.9	54.3	0.0	2.9
计算机、通信和其他电子设备制造业	41.7	44.5	5.1	8.7
专用设备制造业	41.4	47.9	4.7	5.9
铁路、船舶、航空航天和其他运输设备制造业	32.4	37.8	18.9	10.8
通用设备制造业	30.7	53.5	1.8	14.0
电气机械和器材制造业	25.7	59.0	2.2	13.1
医药制造业	23.3	47.8	6.3	22.6

续表

行业分类	强创新投入企业	高研发投入企业	高人力资本投入企业	弱创新投入企业
汽车制造业	22.9	51.0	9.4	16.7
橡胶和塑料制品业	18.9	56.6	3.8	20.8
化学原料和化学品制造业	16.8	38.5	16.3	28.4
非金属矿物制品业	11.5	45.9	13.1	29.5
金属制品业	10.0	52.0	8.0	30.0
黑色金属冶炼和压延加工业	9.4	25.0	40.6	25.0
食品加工制造业	7.4	14.7	25.3	52.6
有色金属冶炼和压延加工业	7.1	33.9	14.3	44.6
纺织服装业	4.8	30.2	6.3	58.7

1. 电气机械和器材制造业

183 家电气机械和器材制造业上市企业中，有 47 家属于强创新投入企业，占四分之一；24 家属于弱创新投入企业，占 13.1%；108 家属于高研发投入企业，占比接近六成；4 家高人力资本投入企业。

2. 通用设备制造业

114 家通用设备制造业上市企业中，有 35 家强创新投入企业，占比接近三分之一；16 家弱创新投入企业，占 14.0%；61 家高研发投入企业，超过一半；只有 2 家高人力资本企业。

3. 专用设备制造业

169 家专用设备制造业企业中，强创新投入企业 70 家，占 41.4%；10 家弱创新投入企业，占 5.9%；近半数为高研发投入企业，共 81 家，占 47.9%；8 家高人力资本投入企业，占 4.7%。

4. 计算机、通信及其他电子设备制造业

254 家计算机、通信及其他电子设备制造业上市企业中，有 106 家是强创新投入企业，占比超过四成；22 家弱创新投入企业，占 8.7%；接近一半企业属于高研发投入企业，总数达到 113 家；属于高人力资本投入企业 13 家，占 5.1%。

5. 仪器仪表制造业

35家仪器仪表制造业上市企业中，有15家强创新投入企业，占42.8%；只有凤凰光学1家企业是弱创新投入企业；高研发投入企业19家，占比达到54.3%，行业内无高人力资本投入企业。

6. 汽车制造业

96家汽车制造业上市企业中，有22家是强创新投入企业，占22.9%；49家高研发投入企业，占51.0%；高人力资本投入企业和弱创新投入企业分别有9家和16家，各占9.4%和16.7%。

7. 铁路、船舶、航空航天和其他运输设备制造业

37家企业中有12家是强创新投入企业，占32.4%；高研发投入企业14家，占37.8%；高人力资本投入企业7家，占18.9%；弱创新投入企业4家，占10.8%。

8. 医药制造业

159家医药制造业上市企业中，有37家是强创新投入企业，占23.3%；36家是弱创新投入企业，占22.6%；76家高研发投入企业，占47.8%；10家高人力资本投入企业，占6.3%。

9. 化学原料和化学品制造业

208家包含石油化工、化学纤维制造和化学制品制造业上市企业中，有35家是强创新投入企业，占16.8%；59家是弱创新投入企业，占28.4%；80家高研发投入企业，占38.5%；34家高人力资本投入企业，占16. 3%。

10. 橡胶和塑料制品业

53家橡胶和塑料制品业上市企业中，强创新投入企业10家，弱创新投入企业11家，分别占18.9%和20.8%；30家属于高研发投入企业，超过一半，占56.6%；仅有2家高人力资本投入企业。

11. 黑色冶炼和压延加工业、

32家样本企业中，只有3家属于强创新投入企业，高研发投入和高人力资本投入企业分别有8家和13家，分别占25.0%和40.6%；弱创新投入企业8家，占四分之一。

12. 有色金属冶炼和压延加工业

56家有色金属冶炼上市企业中，4家强创新投入企业，仅占7.1%；弱创新投入企业多达25家，占44.6%；高研发投入企业19家，占33.9%；高人力资本投入企业8家，占14.3%。

13. 金属制品业

50家金属制品业上市企业中，5家是强创新投入企业，占10.0%；高研发投入企业占比超过一半，共有26家；高人力资本投入和弱创新投入企业，分别有4家和15家，分别占8.0%和30.0%。

14. 非金属矿物制品业

61家非金属矿物制品业上市企业中，有7家是强创新投入企业，占11.5%；18家弱创新投入企业，占29.5%；28家高研发投入企业，占45.9%；8家是高人力资本投入企业，占13.1%。

15. 食品加工制造业

95家农副产品加工、酒水饮料及食品制造业上市企业中，有7家是强创新投入企业，占7.4%；有50家是弱创新投入企业，占52.6%；高研发投入企业14家，高人力资本投入企业24家，分别占14.7%和25.3%。

16. 纺织服装业

63家纺织和服装服饰上市企业中，仅有3家是强创新投入企业，占4.8%；有37家是弱创新投入企业，占比接近六成；高研发投入企业有19家，占比30.2%，高人力资本投入企业有4家。

三、我国制造业上市企业近四年创新投入强度比较

在 2012 ～ 2015 年的 4 个年度内，连续公布研发投入和人员工资指标的制造业上市企业共有 1300 家①，占 2015 年 12 月底全部制造业上市企业总数的 68.1%。本节内容以 1300 家制造业上市企业作为样本进行年度比较。

（一）上市企业研发投入增长及分布情况

1. 研发总投入和研发强度逐年稳步提升

2012 ～ 2015 年，1300 家制造业上市企业年度研发总投入分别为 1323 亿元、1550 亿元、1756.6 亿元和 1982 亿元，年均增长 13.8%，高于同期全国研发经费增长率 3.7 个百分点。制造业上市企业研发强度稳步提升，从 2012 年的 2.24% 增长到 2015 年的 2.85%；人均研发投入 2.49 万元，到 2015 年突破 3 万元，达到 3.15 万元，同比增长 5.2%。

从增长趋势来看，受经济增长下行压力和企业收入增长减缓等因素影响，2012 ～ 2015 年制造业上市企业研发投入增速有所放缓，但相对于营业收入增长的放缓速度，研发投入增长的减缓速度要小得多。2015 年，制造业上市企业收入仅增长 1.5%，比 2013 年下降了 9.2 个百分点。与此同时，研发投入增幅也出现了减缓趋势，但仍保持了两位数的增长，由 2013 年的 17.2% 下降到 2015 年的 12.8%，其中 33.7% 的企业缩减了研发投入。

① 1300家制造业上市企业中，电气机械和器材制造业144家，通用设备制造业89家，计算机、通信及其他电子设备制造业194家，专用设备制造业126家，仪器仪表制造业28家，汽车制造业70家，医药制造业123家，石化、化学原料和化学品制造业161家，橡胶和塑料制品业43家，有色金属冶炼与加工45家，黑色金属冶炼业16家，金属制品业37家，非金属矿物制品业52家，食品加工制造业67家，纺织业50家，其他55家。

表4 2012～2015年制造业上市企业研发投入变化情况

年份	研发投入总量		研发投入强度		人均研发投入	
	绝对值（亿元）	增长（%）	绝对值（亿元）	增长（%）	绝对值（万元）	增长（%）
2012	1323.0	—	2.24	—	2.49	—
2013	1550.0	17.2	2.37	5.9	2.72	9.0
2014	1756.6	13.3	2.56	7.8	2.94	8.5
2015	1982.0	12.8	2.85	11.2	3.15	5.2

2. 制造业细分行业的研发投入差异显著

2015 年，各制造行业整体研发投入情况归为三类：第一类是高增长类，持续保持高速增长态势，且高于同期全国研发投入增长（2015 年全国研发投入增长 10.8%）的有 8 个行业，分别是计算机通信及其他电子设备制造业、医药制造业、仪器仪表制造业、橡胶及塑料制品业、化学原料及化学品制造业、非金属矿物制品业、汽车制造业、电气机械及器材制造，其中计算机通信和其他电子设备制造业增长速度最快，同比增长 24.4%；第二类是平缓增长类，研发投入仍保持增长，但低于同期全国水平，共有 3 个行业，分别是纺织服装业（包括纺织业和服装服饰业）、化学原料及化学品制造业（包括石化、化学纤维制造业）、食品加工制造业（包括酒水饮料制造、农副产品加工业）和通用设备制造；第三类是负增长类，即研发投入呈现负增长，共有 4 个行业，分别是金属制品业、专用设备制造业、黑色金属冶炼和有色金属冶炼及压延加工业，其中有色金属冶炼加工业下降最大，同比下降 16.7%。

从变化趋势上来看，2015 年化学原料及化学品制造业和非金属矿物制品业 2 个行业进入到了高增长类，其中化学原料及其化学品制造的研发投入增速最大，同比提升了近 7 个百分点；通用设备则从高增长行业跌进了平缓增长型，增速下降了 14.8%。负增长类的 4 个行业没有发生变化，但企业缩减研发投入的势头进一步凸显，其中有色金属从 –0.6% 的降幅进一步扩大到 –16.7%，包括黑色金属冶炼和专用设备制造业三个行业都出现连续三年出现下降趋势。

表5 2015年制造业各细分行业上市企业人均研发投入情况

类别	行业	人均研发投入（元）	同比增长率（%）
高增长类	计算机通信和其他电子设备制造业	47883	24.4%
	医药制造业	29782	23.6%
	仪器仪表制造业	34638	20.8%
	橡胶和塑料制品业	33086	18.3%
	化学原料和化学品制造业	22294	13.2%
	非金属矿物制品业	17838	12.6%
	汽车制造业	41017	11.9%
	电气机械和器材制造业	37180	10.8%
平缓增长类	纺织服装业	8880	8.3%
	食品加工制造业	9077	6.5%
	通用设备制造业	37330	2.6%
负增长类	金属制品业	19698	-2.4%
	专用设备制造业	35706	-5.6%
	黑色金属冶炼和压延加工业	30598	-9.2%
	有色金属冶炼和压延加工业	25676	-16.7%

从研发强度来看，各个制造行业表现出了大致类似的变化趋势。与2012年相比，除金属制品业、有色金属冶炼和压延加工业、食品加工制造业外，其他行业的研发强度在2015年都有所提高，其中计算机通信及其他电子设备制造业增长幅度最大，由3.61%增长至5.71%，金属制品业下降最多，由2.8%下降至1.94%。尤其有色金属冶炼和压延加工业研发强度连续三年出现下滑。

表6 2012～2015年各制造行业上市企业研发强度 单位：%

行业分类	2012年	2013年	2014年	2015年
仪器仪表制造业	5.39	5.91	5.94	5.82
计算机通信和其他电子设备制造业	3.61	5.02	5.31	5.71
专用设备制造业	4.02	4.17	4.19	4.31
通用设备制造业	3.07	3.15	3.64	3.75
电气机械和器材制造业	3.45	3.56	3.73	3.73
医药制造业	2.86	3.08	3.25	3.71
橡胶和塑料制品业	2.65	2.79	3.04	2.91
汽车制造业	2.44	2.33	2.62	2.69

续表

行业分类	2012年	2013年	2014年	2015年
非金属矿物制品业	1.97	2.01	2.06	2.48
其他	1.75	1.93	1.98	2.13
黑色金属冶炼和压延加工业	1.35	1.62	1.76	2.02
金属制品业	2.8	2.04	1.76	1.94
纺织服装业	1.7	1.71	1.69	1.73
化学原料和化学品制造业	1.36	1.22	1.31	1.58
有色金属冶炼和压延加工业	1.33	1.31	1.27	1.15
食品加工制造业	0.98	0.90	0.91	0.96

（二）上市企业人力资本投入增长及分布情况

1. 人力资本投入总量仍保持快速增长势头

2012 ~ 2015 年，1300 家制造业上市企业支付给职工及为职工支付的现金分别为 4107 亿元、4664.5 亿元、5361.6 亿元和 6052.6 亿元，年均增长达 13.8%，超过总收入年均增长率的一倍以上。企业人力资本投入总量的增长可以分解为两项：一是员工规模的扩大；二是人均人力资本投入的增加。截至 2015 年底，1300 家上市企业员工总数达到 628.5 万人，比 2012 年增长了近 100 万人，年均增长 5.8%。人均人力资本投入增长缓慢，2012 ~ 2015 年分别为 77442 元、81833 元、89858 元和 96309 元，年均增长 7.6%，低于同期全国城镇居民可支配收入年均 8.3% 的增长率。这在一定程度上反映出制造业上市企业的人才结构调整效果仍不显著。

表7　2012 ~ 2015年制造业各细分行业上市企业人力资本投入变化情况

	2012年		2013年		2014年		2015年	
	绝对值	增长（%）	绝对值	增长（%）	绝对值	增长（%）	绝对值	增长（%）
人力资本投入总量（亿元）	4107	—	4664.5	13.6%	5361.6	14.9%	6052.6	12.9%
人均人力资本投入（元）	77442	—	81833	5.7%	89858	9.8%	96309	7.2%

2. 制造业各细分行业的人力资本投入差异显著

从员工规模变化来看，大部分行业都保持了增长趋势，其中汽车制造业、橡胶和塑料制品业、计算机通信和其他电子设备制造业、电气机械和器材制造业等行业增幅较大；黑色金属冶炼业、食品加工制造业、金属制品业、通用设备制造业、专用设备制造业等行业增长缓慢，仅有个位数增长；纺织服装业和有色金属冶炼业的员工规模则有所下降。

表8　　2012～2015年各制造行业上市企业员工数量变化　　单位：人

行业分类	2012年	2013年	2014年	2015年	三年增长率（%）
电气机械和器材制造业	414407	441444	465809	523830	26.4
纺织服装业	291743	279191	278687	279264	-4.3
非金属矿物制品业	180939	200715	201980	205107	13.4
黑色金属冶炼和压延加工业	287824	287544	295632	289564	0.6
化学原料和化学品制造业	465470	513956	524023	538152	15.6
计算机、通信和其他电子设备制造业	780579	817742	909018	1045773	34.0
金属制品业	164720	181443	179816	173398	5.27
汽车制造业	621830	804383	894910	971451	56.2
食品加工制造业	518529	543982	546528	523486	1.0
通用设备制造业	234106	238987	244415	247937	5.9
橡胶和塑料制品业	102467	114734	129954	146691	43.2
医药制造业	381750	416019	436441	468546	22.7
仪器仪表制造业	30449	29676	33765	37866	24.4
有色金属冶炼和压延加工业	299474	293090	281537	280049	-6.5
专用设备制造业	360958	363155	362097	370599	2.7
其他	167994	174010	182107	182789	8.81
合计	5303239	5700071	5966719	6284502	18.5

各细分行业的人均人力资本投入呈现收敛趋势，行业差距在缩小。2015 年制造业上市企业人均人力资本投入增长趋势整体放缓，与 2014 年增速相比下降 3.1 个百分点，其中 12 个行业增速下滑，专用设备制造业增速下滑最明显，从 2014 年的 11.7% 下滑到 2015 年的 2.2%。增速保持上升态势的仅有汽车制造业、仪器仪表制造业、食品

加工制造业和其他制造业。从 2012 ~ 2015 年变化趋势来看，各行业的人均人力资本投入均保持了不同幅度的增长，呈现出收敛趋势。一方面，2012 年属于高人均人力资本投入的行业增长幅度相对都比较小，如黑色金属冶炼业 2012 年为 1.11 万元，排名各行业最高，到 2015 年为 1.14 万元，年均增长仅有 0.9%，再如通用设备制造业，从 2012 年的 9.75 万元提高到 2015 年的 1.14 万元，年均增长 5.3%。另一方面，2012 年属于较低人均人力资本投入的行业增长幅度相对都比较大，如食品加工制造业从 2012 年的 6.42 万元上升到 2015 年的 9.29 万元，年均增长率高达 13.1%。可见，除了纺织服装业仍保持较低人均人力资本投入外，各行业都趋向 10 万 ~ 11 万元左右收敛，行业间差距越来越小。这说明各行业的刚性成本在不断增加，使得低技术制造业的人均成本增长较快。

表9 2012 ~ 2015年各制造业上市企业人均人力资本投入 单位：元

行业分类	2012年	2013年	2014年	2015年	年均增长（%）
食品加工制造业	64203	70743	80253	92888	13.1
橡胶和塑料制品业	71943	76676	88578	99198	11.4
医药制造业	65690	76160	84698	89866	11.1
金属制品业	68792	70648	83294	91158	10.0
纺织服装业	48615	55585	60934	63904	9.6
非金属矿物制品业	63086	68330	77889	82377	9.4
化学原料和化学品制造业	70362	76090	83862	90357	8.7
仪器仪表制造业	68705	78246	81130	87539	8.5
电气机械和器材制造业	74478	83685	90357	93038	7.8
专用设备制造业	96247	102832	114818	117357	6.9
计算机通信和其他电子设备制造业	81262	87203	94161	99129	6.9
有色金属冶炼和压延加工业	74602	80078	85640	88224	5.8
通用设备制造业	97539	104027	111016	113855	5.3
汽车制造业	93212	82967	92507	105170	4.7
黑色金属冶炼和压延加工业	111037	114395	115246	114128	0.9

（三）上市企业创新投入强度比较

1. 上市企业创新投入强度总体上没有显著改善

比较 2014 年与 2015 年制造业上市企业创新投入强度分布图可以发现，与 2014 年相比，2015 年的强创新投入企业的比例有较大下降，从 26.9% 下降到 24.9%；高研发投入企业的比例略有提高，从 44.6% 上升到 45.4%，但与 2012 年的 50.4% 相比，有显著下降；高人力资本投入企业的比例也略有上升，从 8.5% 上升到 9.3%；弱创新投入企业的比例基本保持不变，均为 20% 左右，但与 2012 年的 18.0% 相比，这一比例有显著提升。说明在经济下行的压力下，弱创新投入的企业在增加，强创新投入的企业在减少。

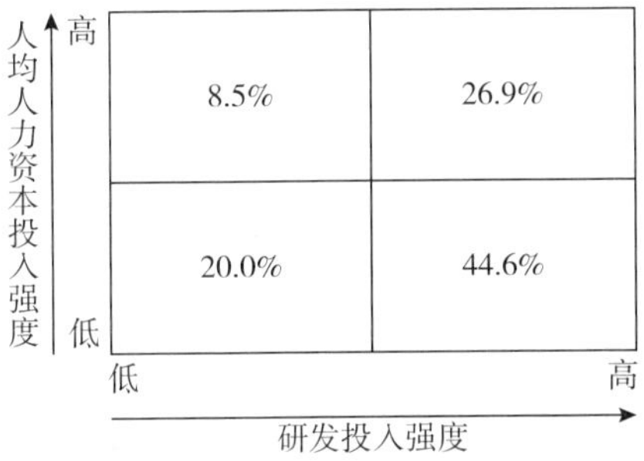

图4　2014年制造业上市企业创新强度

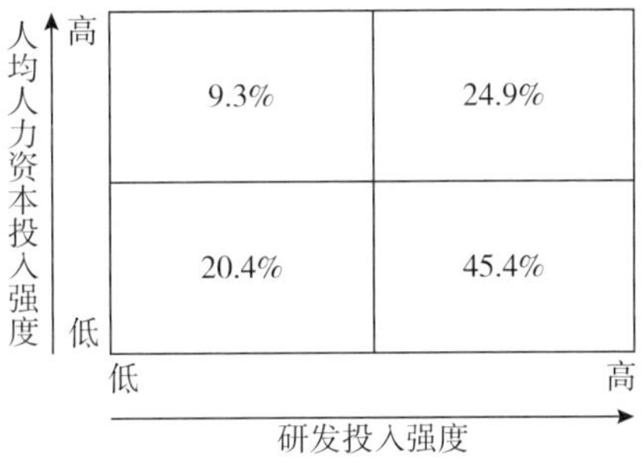

图5　2015年制造业上市企业创新强度

2. 各细分行业的创新投入强度变化差异显著

相比 2012 年，2015 年制造业各细分行业的创新投入强度变化差异，5 个行业趋好，8 个行业趋差。计算机通信和其他电子设备制造业、专用设备制造业、医药制造业、金属制品业、橡胶和塑料制品业等 5 个行业强创新投入企业比例有较大增长，如计算机通信和其他电子设备制造业强创新投入企业比例从 2012 年的 35.6% 提高到 2015 年的 42.3%，其中计算机通信和其他电子设备制造业、专用设备制造业、医药制造业等 3 个行业的弱创新投入企业比例也有较大增长，说明行业内部分化较为严重。

表10 2012年制造业各细分行业的创新投入强度分布 单位：%

行业分类	强创新投入企业	高研发投入企业	高人力资本投入企业	弱创新投入企业
电气机械和器材制造业	28.5	60.4	2.8	8.3
纺织服装业	6.0	42.0	4.0	48.0
非金属矿物制品业	19.2	51.9	3.8	25.0
黑色金属冶炼和压延加工业	6.3	12.5	50.0	31.3
化学原料和化学品制造业	18.6	43.5	13.0	24.8
计算机、通信和其他电子设备制造业	35.6	57.2	3.1	4.1
金属制品业	10.8	62.2	2.7	24.3
汽车制造业	25.7	54.3	8.6	11.4
食品加工制造业	13.4	23.9	17.9	44.8
通用设备制造业	32.6	57.3	1.1	9.0
橡胶和塑料制品业	18.6	55.8	7.0	18.6
医药制造业	19.5	52.8	8.1	19.5
仪器仪表制造业	35.7	60.7	0.0	3.6
有色金属冶炼和压延加工业	15.6	26.7	17.8	40.0
专用设备制造业	43.7	50.8	3.2	2.4
合计	24.6	50.4	7.0	18.0

电气机械和器材制造业、纺织服装业、非金属矿物制品业、化学原料和化学品制造业、食品加工制造业、通用设备制造业、仪器仪表制造业、有色金属冶炼和压延加工业等8个行业强创新投入企业比例有较大减少，如仪器仪表制造业从2012年的35.7%下降到2015年的32.1%，其中电气机械和器材制造业、纺织服装业、化学原料和化学品制造业、通用设备制造业、有色金属冶炼和压延加工业等5个行业的弱创新投入企业比例有较大增加，说明这些行业的整体创新投入强度在趋差。此外，汽车制造业、黑色金属冶炼和压延加工业等2个行业强创新投入企业的比例基本保持不变，如汽车制造业强创新投入企

业的比例为25.7%，弱创新投入企业的比例则有较大下降，从11.4%下降到7.1%。

表11　2015年制造业各细分行业的创新投入强度分布　单位：%

行业分类	强创新投入企业	高研发投入企业	高人力资本投入企业	弱创新投入企业
电气机械和器材制造业	26.4	59.7	2.8	11.1
纺织服装业	4.0	36.0	8.0	52.0
非金属矿物制品业	13.5	50.0	11.5	25.0
黑色金属冶炼和压延加工业	6.3	25.0	37.5	31.3
化学原料和化学品制造业	15.5	38.5	18.6	27.3
计算机、通信和其他电子设备制造业	42.3	45.9	4.1	7.7
金属制品业	13.5	54.1	13.5	18.9
汽车制造业	25.7	54.3	12.9	7.1
食品加工制造业	9.0	16.4	29.9	44.8
通用设备制造业	29.2	53.9	2.2	14.6
橡胶和塑料制品业	25.6	51.2	7.0	16.3
医药制造业	23.6	48.0	6.5	22.0
仪器仪表制造业	32.1	64.3	0.0	3.6
有色金属冶炼和压延加工业	8.9	33.3	11.1	46.7
专用设备制造业	46.0	42.1	4.8	7.1
合计	24.9	45.4	9.3	20.4

四、基本结论

（一）在经济下行压力下，我国制造业上市企业创新发展需求迫切，保持了较高的研发投入增长

2012年以来，制造业上市企业营业收入同比增长大幅度下滑，由过去长期保持两位数增长下滑到2015年的1.5%，近一半行业营收出现负增长，包括通用设备制造业、非金属矿物制品业、金属制品业、专用设备制造业、化学原料及化学品制造业、黑色金属冶炼业和有

色金属冶炼业等7个行业，其中专用设备和黑色金属冶炼业营收已经连续三年出现下滑。面对经济下行和行业营收减少的压力，传统制造行业表现出积极创新发展的迫切性，2015年制造业研发总体投入保持了两位数的增长，为12.8%，其中化学原料及化学品制造业营收下降了6.5%，但研发投入增长了13.2%，非金属矿物制品业营收下降了7.1%，但研发投入增长了12.6%。受营业收入增速减缓和研发投入保持较快增长的双重影响，我国制造业上市企业的整体研发强度增长较快，2015年已达到2.92%，比2014年提高了0.3个百分点。

（二）制造业各细分行业人均人力资本投入的差距在缩小，呈现出收敛趋势，不利于人力资本向强创新行业集中

受刚性成本增长的影响，弱创新行业的人均人力资本投入增长较快，如食品加工制造业从2012年的6.42万元上升到2015年的9.29万元，年均增长率高达13.1%，远高于同期全国城镇居民可支配收入年均8.3%的增长率。同时，受营业收入增速下降的影响，强创新行业的人均人力资本投入增长较慢，如通用设备制造业，从2012年的9.75万元提高到2015年的1.14万元，年均增长5.3%。这就使得人均人力资本投入的行业差距不断缩小。除去纺织服装业，2012年人均人力资本投入的行业差距最大为4.8万元，最高接近最低的2倍，而到了2015年，行业差距最大值已缩小到3.5万元，最高是最低的1.4倍，各细分行业都在向10万～11万元左右收敛。行业差距的缩小，有利于推进弱创新行业中低效企业的退出，但同时对强创新行业吸引优秀人才、集聚更多人力资本不利。

（三）从制造业上市企业创新投入的趋势来看，当前我国制造业转型升级表现出行业间横向深化显著、行业内纵向深化不足的特征

第一，从行业间的创新投入来看，研发资金和人力资本在持续向技术密集型行业集中。研发投入规模上，计算机通信及其他电子制造业、电气机械和器材制造业、医药制造业、仪器仪表制造业、汽车制造业、橡胶和塑料制品业等技术密集型行业，近四年来的增长率都在50%以上，而纺织服装业、食品制造业、黑色金属冶炼业、有色金属冶炼业、金属制品业等劳动密集或资源密集型行业，增长率都在10%左右，有的甚至是负增长。人力资本投入上，计算机通信及其他电子制造业、电气机械和器材制造业、医药制造业、仪器仪表制造业、汽车制造业、橡胶和塑料制品业等技术密集型行业，近四年的员工数量增长都在20%以上，其中汽车制造业增长了56%，而同期纺织服装业、食品制造业、黑色金属冶炼业、有色金属冶炼业等行业的员工数量要么基本保持不变，要么是负增长。

第二，从行业内的创新强度分布来看，行业内创新投入向优势企业集中的特征并不普遍。与2012年相比，2015年有计算机通信和其他电子设备制造业、金属制品业、橡胶和塑料制品业、医药制造业、专用设备制造业等5个行业的强创新投入企业的比重在增加，说明这些行业的创新资源在向优势企业集中，而其余10个行业的强创新投入企业的比重都在减少，说明这些行业的创新资源并没有表现出向优势企业集中的特征，行业内纵向深化不足。

执笔：袁东明　周健奇　赵　龙

成长型中小企业的创新特征及政策建议

——基于对新三板挂牌公司的分析

新三板在支持中小企业融资和创新方面的作用日益明显，在新三板挂牌的中小公司逐渐成为我国中小企业创新的标杆。本文通过分析5180家新三板挂牌公司的研发强度和高管持股情况，发现新三板公司研发强度普遍高于主板上市公司及其他公司，新三板挂牌公司由于更加注重股权激励使得其创新更有动力。为支持更多中小公司能在新三板实现高效融资和提升创新能力，建议国家应进一步明确新三板的公开市场功能和在国家创新体系中的战略地位，进一步完善新三板融资制度，发展多样化融资工具，提高市场流动性。在市场分层的基础上，以培育壮大创新型企业为导向，加快实现差异化制度安排。

我国新三板挂牌公司已达9779家[①]，主要以成长较快的中小企业为主。这些企业能基本发映出我国中小企业创新发展的情况和趋势，分析其创新特征，有利于更准确地掌握中小企业创新发展的规律，改进相关政策。

---

① 截止到2016年12月1日。

我们主要从研发投入强度与企业内部激励机制两个方面来评价新三板公司的创新性。尽管评价企业创新需要多个维度，如可包括科研人员数量、专利产出、新产品数量、市场地位、研发投入、公司治理等，但考虑新三板公司多还是处于企业发展初期，成长性好但盈利较弱，有核心技术但可能尚未形成知识产权，有市场但自主品牌尚不强等，对其创新评价宜采用与其发展情况相适应且相对简单可比的指标，即选择研发投入、股权激励两个维度。从国内外创新企业发展的历程和特点来看，有持续创新能力且有内生活力的企业多是比较注重研发投入且有较强的内部激励。很多大企业尽管研发投入很大，之所以缺乏创新性往往与其内部激励机制不到位有关，比如很多国有企业就有类似情况；很多创业企业尽管一开始就采用合伙人制、高管持股等激励投制，但缺乏对研发的重视和应有投入，创新性亦不够。基于这两项指标我们得出初步结论是，发展比较好的新三板公司多是强研发投入与强股权激励并存的公司，新三板公司总的研发投入强度明显高于全国企业平均水平以及在主板上市公司平均水平，同时新三板公司普遍注重股权激励，其高管持股比例也远高于其他公司。

一、基于创新投入与股权激励的二维分析模型

除研发投入与创新正相关外，越来越多的研究表明，公司治理与持续创新能力有非常紧密的正相关性，若给予高管持有公司股份的权利，可使高管和所有者利益趋于一致，直接有助于企业持续创新能力提升。为了兼顾短期和长期创新能力，我们选择通过创新投入强度及创新激励强度两个维度对新三板挂牌公司可持续创新能力给予分析和衡量。创新的投入强度通过企业 R&D 投入占销售收入

的比例指标来衡量，创新的激励强度以企业股权激励结构（董事、监事、高管以及核心员工持股数占全部股权的比例）来衡量。这两个指标可以较直观地反映企业的创新投入程度和创新的持续动力，这样形成如图1所示的创新投入强度及股权激励强度的二维分析框架。

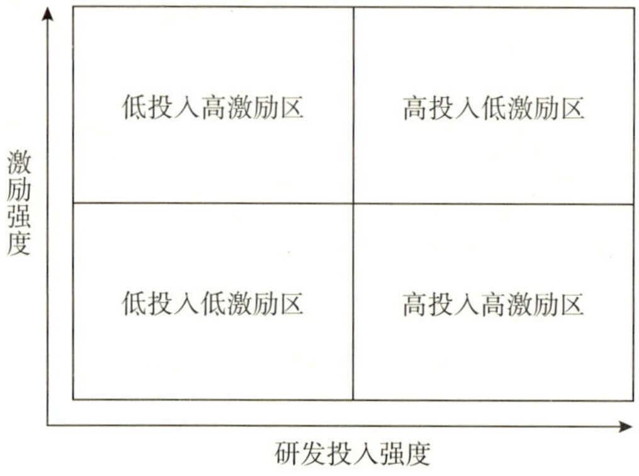

图1 企业创新投入强度、股权激励强度的二维分析

以样本企业的平均研发投入强度和平均股权激励作为分割线，形成四个区域。研发投入强度和股权激励强度“双高”的区域，为高投入高激励区；研发投入强度和股权激励强度“双低”的区域，为低投入低激励区域；研发投入高但股权激励强度低的区域，为高投入低激励区域；研发投入强度低、股权激励强度低的“双低”区域，为低投入高激励区域。通过上述区域划分，我们认为落入“双高”区域的企业更可能是创新能力强且创新能力可以持续的“未来之星”企业，更可能成为群体中的“脱颖而出者”，具有向上分层发展的能力和实力；而落入“双低”区域的企业则更可能是创新能力弱、创新持续驱动力也较弱的“易淘汰者”，可能成为向下分层淘汰的对象或被整合的对象。对于落入另外两个区域的新三板公司，则构成了一种中间状况，会向“双高”区域或“双低”区域不断转化和动态演进。

二、新三板挂牌公司研发投入情况

我们选取了2014年及2015年公布了研发投入和股权激励数据的新三板挂牌公司作为观察研究对象，共5180家（占2016年4月底全部挂牌公司总数的75.3%）。此外我们对占新三板挂牌公司总数比例最高的两个领域——制造业（共3066个样本）以及信息传输、软件和信息技术服务业（共1199个样本）进行了对比研究。分析发现，新三板公司研发投入总体较高，但行业差异大，制造业低于软件等新兴服务业。

（一）创新投入强度普遍较高

2014年新三板挂牌公司R&D投入占销售收入的比例，平均数为8.8%，2015年稍有下降也高达8.3%。其中挂牌制造业企业R&D投入占销售收入的占比近两年均保持在7%左右，是同期A股制造业上市企业平均研发投入强度（约2.6%）的2.7倍。

（二）行业差异较大

挂牌制造业企业投入强度比全部挂牌公司的平均水平低约1个百分点，而信息传输、软件和信息技术服务业因其高附加值、高技术特征，整体投入强度近两年高达14%～15%，是制造业投入强度的2倍强，且显著高于同期总体三板企业平均投入水平。制造业研发占比较高的行业是化学纤维制造业及仪器仪表制造业企业约10%，计算机、通信和其他电子设备制造业、专用设备制造业以及医药制造业占比约为8%。

（三）创新投入与规模相关较强

一般而言，规模较小企业成长和发展空间较大，成长速度和市场份额占有优先于盈利目标，因而表现出创新投入强度较高的特点。而随着规模变大，成长速度趋缓和发展空间收窄，稳健和盈利目标优先于速度，往往创新投入强度也会有所降低。做市转让企业的经营规模往往高于协议转让企业和基础层企业，表现为做市转让企业创新投入不仅低于协议转让企业，而且低于整体企业平均数。

表1　　新三板公司研发投入情况

总样本		投入强度2015	投入强度2014
中位数		5.9%	6%
平均数		8.3%	8.8%
按交易类型分	做市转让企业平均数	7.4%	8.1%
	协议转让企业平均数	8.6%	9%
按行业类型分	制造业企业平均数	6.8%	7.1%
	信息传输、软件和信息技术服务业平均数	14.1%	15%

表2　　2015年新三板挂牌制造业企业细分行业及其创新投入强度

制造业细分行业：	投入强度2015	投入强度2014
电气机械和器材制造业	6.3%	6.8%
纺织服装、服饰业	2.1%	3.2%
纺织业	3.3%	3.5%
非金属矿物制品业	5.7%	5.9%
废弃资源综合利用业	3.2%	3.4%
黑色金属冶炼和压延加工业	4.2%	4.4%
化学纤维制造业	12.4%	8.7%
化学原料和化学制品制造业	5.5%	5.8%
计算机、通信和其他电子设备制造业	9.5%	9.0%
家具制造业	2.5%	3.2%
金属制品、机械和设备修理业	5.3%	5.7%
金属制品业	4.6%	5.4%
酒、饮料和精制茶制造业	1.7%	1.6%
木材加工和木、竹、藤、棕、草制品业	4.5%	4.4%
农副食品加工业	2.9%	3.1%
皮革、毛皮、羽毛及其制品和制鞋业	3.1%	3.1%
其他制造业	4.8%	6.8%
汽车制造业	5.2%	5.2%

续表

制造业细分行业：	投入强度2015	投入强度2014
石油加工、炼焦和核燃料加工业	3.3%	4.3%
食品制造业	4.5%	4.3%
铁路、船舶、航空航天和其他设备制造业	7.2%	9.5%
通用设备制造业	6.6%	6.8%
文教、工美、体育和娱乐用品制造业	5.6%	5.5%
橡胶和塑料制品业	5.4%	5.3%
烟草制品业	7.4%	7.4%
医药制造业	8.0%	9.1%
仪器仪表制造业	10.1%	10.5%
印刷和记录媒介复制业	4.1%	4.7%
有色金属冶炼和压延加工业	4.8%	4.6%
造纸和纸制品业	3.5%	3.7%
专用设备制造业	8.5%	9.3%

三、新三板挂牌公司股权激励情况

通过对新三板挂牌公司高管、董事、监事及核心员工的持股（包含限售及流通股份，但不包含未统计在内的员工期权数据）情况进行了统计分析发现，样本企业的股权激励强度逐步增加，近两年企业高管持股比例占总股本三分之一强，制造业企业平均股权激励比例从2014年的34.9%小幅上升至2015年的35.6%，信息服务业则维持在36%左右。这说明在重视创新投入的同时，新三板公司越来越重视有长期、持续作用的股权激励。第一个显著差异是新三板公司股权激励水平与沪深主板企业存在着显著差异，新三板公司股权激励水平远高于沪深主板企业；通常来说，做市企业相对于协议转让企业，企业状况更为优质，因此做市机构才更愿意参与，但从股权激励强度来看，新三板挂牌协议转让企业（37.0%）股权激励强度却显著高于做市转让企业（31.8%），这是第二个显著差异。

表3　　新三板挂牌公司高董监及核心员工持股情况

总样本		高董监及核心员工持股比例	
		2015年度	2014年度
中位数		25.4%	21.9%
平均数		35.8%	35%
按交易类型分	做市转让企业平均数	31.8%	34.3%
	协议转让企业平均数	37%	35.3%
按行业类型分	制造业企业平均数	35.6%	34.9%
	信息传输、软件和信息技术服务业平均数	36.9%	36%

四、新三板挂牌公司创新投入与股权激励的结构分析

（一）制造业中“双高”区域企业比例提升、“双低”区域企业比例降低

2015 年，在 3066 家制造业企业中处于“双高”区的企业占总体数量的 13.6%，比 2014 年增多了近 1 个百分点；同时，在“双低”区域的企业占比却下降了近 2 个百分点，显示出新三板挂牌制造业企业的良好发展趋势。

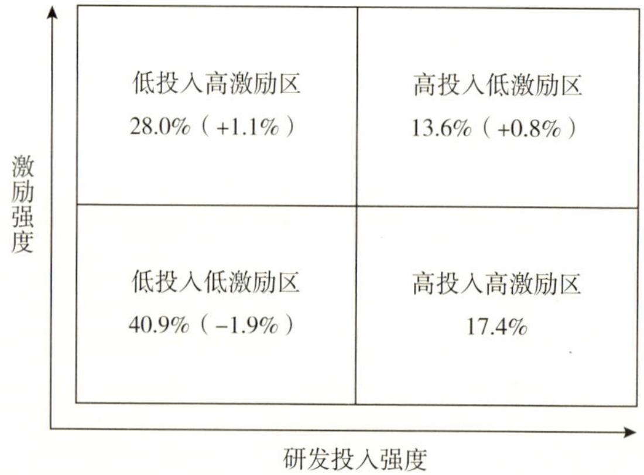

图2　2015年度新三板制造业挂牌公司分布及与2014年的比较（括号内是百分比的变化）

从制造业细分行业分布情况来看，新三板制造业企业细分行业中医药制品业和仪器仪表制造业、计算机通信和其他电子设备制造业、化学纤维制造业投入强度表现突出，但股权激励结构上却较弱，可能导致创新的持续动力不足（图 3）。而传统制造业、轻工业等部分细分行业则体现出较强长期激励水平特征，有望未来在创新驱动的转型升级中脱颖而出。

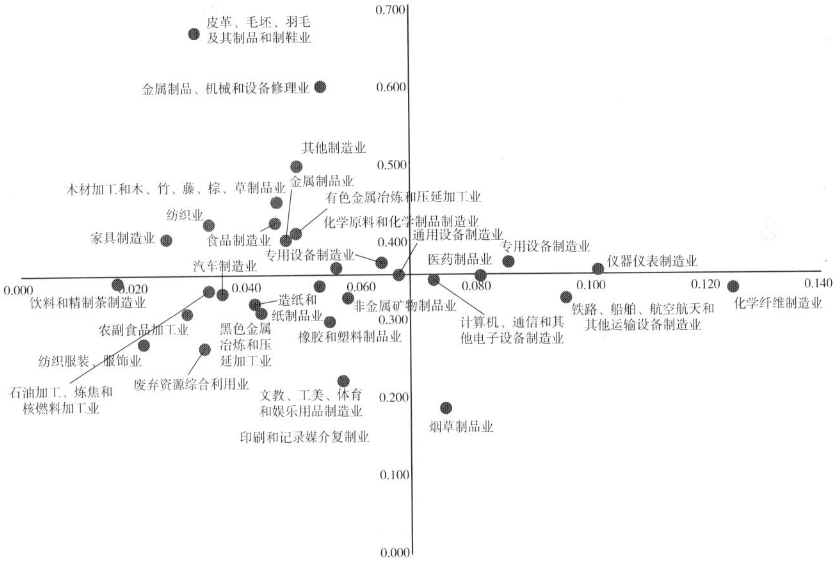

图3　2015年新三板制造业细分行业分布情况

（二）信息服务业双高比重提升

新三板信息传输、软件和信息技术服务业（简称信息服务业）企业创新竞争优势明显、结构性升级明显。新三板信息服务业创新投入强度平均值保持在 14% ~ 15% 左右，为新三板制造业企业的一倍左右，是沪深制造业上市公司创新投入强度的 5 倍左右。信息服务业平均股权激励强度也有小幅上升，2015 年达到 36.9%。信息服务业企业数量分布来看，虽然在 1199 家信息业企业中，2015 年处于“双高”区域的比例是14.5%，比2014年有所下降。但是，在“双低”区域的企业占比下降得更多（由39.6%下降到36.5%），下降比例远远大于高创新投入区的变化比例，说明信息服务业企业进行结构性的优化调整情况较好。

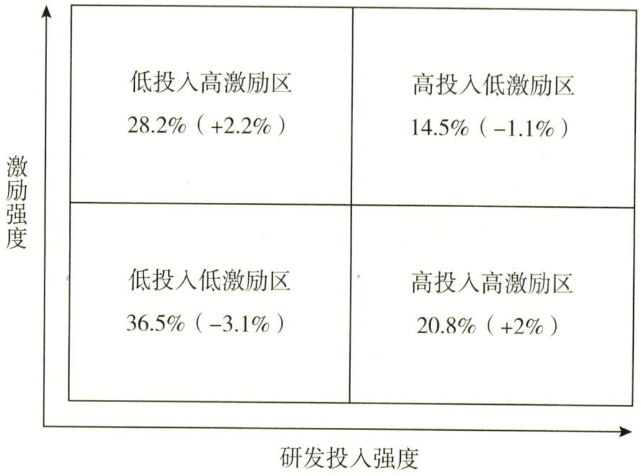

图4　2015年度新三板信息服务业挂牌公司分布及与2014年的比较

从细分行业来看，信息服务业分为三大类行业，电信、广播电视和卫星传输服务、互联网和相关服务以及软件和信息技术服务业，其平均投入强度及激励强度见表4。可以看出，电信服务业作为较为传统的信息服务业，其研发投入水平较低，符合其行业属性，而互联网及软件业研发投入强度约为14%，也体现出明确的行业特性。但从激励强度看，相较其他两个细分行业，互联网业高管持股比例普遍较小，差异达到接近8个百分点，将可能影响其持续创新能力。

表4　2015年信息服务业细分行业投入强度及激励强度

信息服务业细分行业	投入强度2015	激励强度2015
电信、广播电视和卫星传输服务业	7.8%	38.4%
互联网和相关服务业	14.4%	30.9%
软件和信息技术服务业	14.2%	38.3%

五、改进新三板市场以支持中小企业创新发展的建议

新三板挂牌公司在创新上有突出表现并能取得快速发展的一个重要原因是利用新三板实现了快速融资，包括股权融资以及因为上了新三板而能更容易获得银行贷款等间接融资。同时由于进入新三板，企业也走上了进一步规范发展的轨道，包括在董事会、股权激励、财务规范、信息披露、资本运作等很多方面已具备了上市公司要求。新三板在支持创新、促进要素集成、筛选创新企业、放大资金规模与风险分散等方面的作用日益凸显。但与大量中小企业创新需求相比，新三板挂牌企业数量仍远远不够，同时由于新三板自身还存在制度性不完善，在再融资、与主板市场对接等方面难以满足大量已挂牌公司的发展需求。国家要进一步明确对新三板支持中小企业创新创业的发展定位，出台进一步支持新三板的政策，以使其能更好地为中小企业创新创业服务。

（一）进一步明确新三板在多层次资本市场和国家创新战略中的定位与功能

目前新三板已具有较强的公开市场特征，但这个特征还没有在国务院有关条例或证券法等法规中得以明确，这导致社会对其下一步能否具备比较完善的公开发行、公开交易等功能，已挂牌公司能否获得公众公司地位等问题，还存在很大疑惑和迷惘。市场定位不清也导致改革方向不明、监管依据不足，中小企业借助三板持续创新发展的市场预期不稳，市场功能也受到了影响。可考虑先出台相关政策规定对此问题进行明确，条件成熟时再通过立法或修法以在法律上予以确认。

（二）进一步完善新三板融资制度，发展多样化融资工具，提高市场流动性

新三板的再融资功能对于中小微企业成长和能力培育至关重要，但目前三板市场流动性有所不足，导致投资人退出困难，既影响了市场融资功能，也降低了股权激励的吸引力，不利于企业集聚人才、资金等创新资源要素。应改革现有的股票转让制度，尽快有效地开展私募基金参与做市业务试点，推动包括保险资金、社保资金、企业年金在内的长期资金入市，改善投资者结构和数量等，进而增强市场流动性，强化新三板再融资功能。

（三）在市场分层的基础上，以培育壮大创新型企业为导向，加快实现差异化制度安排

新三板公司群体大、多样化强、分化明显，目前市场已经实施分层管理，旨在分类监管、分类服务，降低投资者信息收集成本。对于不同层次不同发展阶段的企业，在市场监管、公司治理、交易方式、股票发行、投资者准入等方面，应实施差异化的制度安排，鼓励具备创新成长能力的企业快速发展，实现市场内部层次间的有序进出。

执笔：范保群　张永伟　吴宇晨

从股权激励着手增强企业创新动力

企业创新动力与公司治理有关，其中股权激励对企业创新有显著促进作用。科学合理的股权激励合约既可实现在短期容忍创新失败所带来的风险，又能在长期给予管理层丰厚的回报。从我国上市公司实施股权激励的情况看，实施股权激励计划的企业在创新方面明显好于没有实施股权激励的企业，而且不同股权激励方式对创新的影响亦不相同，股票期权的效果好于限制性股票这种方式。民营企业无论在实施股权激励的数量及效果上都明显好于国有企业。建议进一步鼓励更多企业尤其是非上市公司实施股权激励计划，塑造企业创新的内生动力，同时要消除限制股权激励的障碍。要进一步完善资本市场，提高市场定价效率，让公司股价充分反映公司价值，引导资本市场更好地支持创新企业和实体经济。

激励是产生创新的源头，企业创新既需要外部激励也需要内部激励。从外部看，企业创新还是不创新取决于外部环境的要求。通俗地讲，有什么样的外部环境就会有什么样的企业行为，在投机盛行、竞争不足、行政干预过多、各类产权得不到有效保护的环境下，不可能或者会很难产生大量创新行为。从内部看，企业创新的内生机制则取决于企业家精神和内部激励。相对来讲，人们对创新与企业家精神的关系的理解比较一致，而对激励机制与创新的关系还缺乏共识，导致在改进企业内部机制和研究国家创新政策时，很容易忽视激励机制。本文主要通过文献梳理及国内实证分析，进一步说明激励机制与企业创新的内在关系，并对采用什么样的激励方式以及如何让激励方式产生更好的效果提出建议。

一、股权激励对创新有显著促进作用，同时也存在导致企业管理层更多关注公司短期业绩的负面风险

企业创新通常需要长周期的投入、充满不确定性并且具有较高的失败风险。传统意义上将管理层的工资与企业绩效直接挂钩的薪酬合约，能激励管理层投入一般性的项目，却难以有效地激励管理层投入创新。投入技术创新意味着管理层需要承担创新失败的风险，容忍创新项目的长周期。更多文献的研究结论是，激励创新最好的合约设计是既要在短期容忍创新失败所带来的风险，又能在长期给予管理层丰厚的回报。目前看，股权激励合约是能实现两者相结合的较理想的激励机制。

股权激励的方式以股票期权、限制性股票为主，实施股权激励就意味着给员工带上了金手铐，将企业利益与员工利益绑定在一起，让员工与企业共享收益。当创新成功而股价或公司估值上涨时，管理层及核心员工就可以从中获得丰厚回报。股权激励也可让员工与企业共担风险，公司股价下跌或估值减少，员工收益也会随之受损，这种风

险共担机制更有利于双方利益绑定。由于股权激励通常具有较长的限售期和有效期，因此可以有效激励管理层和核心员工更加关注影响公司未来的长期性投资包括创新项目，这与创新需要长周期的特征是相符的。

同时有研究表明，股权激励也可能对创新带来一些负面影响。特别是在资本市场的压力下，企业管理层很有可能会更多关注公司的短期业绩和股利分红，而放弃对于长期研发的投入。由于股权激励计划是将管理层及公司核心员工的薪酬与股价波动相联系，同样有可能使得管理层与相关员工更加在关注或惧怕来自资本市场的波动。尤其对于资本市场上的分析师、基金持有者、评级机构等，他们会不断给上市公司施加压力，导致很多公司在上市后会变得更加关注短期业绩和股价，以迎合分析师和评级机构的要求。已有学者利用美国的数据发现，企业上市以后的创新能力和创新质量会有所下降。尽管这些负面影响还不是很显著，但也要求我们在强调股权激励的正面作用的同时，也必须关注由此产生的一些负面情况，以进一步改进激励方式。

二、我国上市公司实施股权激励情况及对创新的作用

2005 年 12 月 31 日中国证监会颁布《上市公司股权激励管理办法（试行）》，从此开始上市公司股权激励计划不断涌现。截至 2015 年底，我国共有 672 家 A 股上市公司发布并实施了股权激励计划，占上市公司总数的不到 1/4。为了验证股权激励与创新的关系，我们选择专利数量作为衡量实施股权激励的公司与未实施股权激励的公司的

创新差异。由于专利的审核具有滞后性（尤其发明型专利从提出申请到被授权大致有 2 ~ 4 年的滞后期），为了更加准确地度量成功获得授权的专利数，基于数据的可得性，本文选择 2012 年以前上市公司及其子公司申请并且成功获得授权的专利数度量专利产出。而考虑到创新研发工作从投入研发到产生创新成果也有一定的滞后期，为了保证实施股权激励方案后至少有两年的时间观察专利产出的变化，本文选择 2010 年及以前发布并实施的股权激励方案。同时为了便于比较，我们采用匹配比较的方法，将实施股权激励的公司与和该公司匹配度高①的未实施股权激励的公司进行比较。

研究发现，实施股权激励计划对企业创新有显著的促进作用，而且不同股权激励方式对创新的影响亦不相同，股票期权的效果好于限制性股票这种方式。不同所有制的情况也不相同，民营企业无论是实施情况及产生效果普遍好于国有企业。

（一）股权激励对我国企业创新正面效应大

如图 1 所示，在实施股权激励之前，实施股权激励企业与配对的未实施股权激励企业专利总数对数的增长趋势是近乎相同的，而在施行股权激励方案之后，两者的差距开始加大。在企业实施股权激励的前后九年间，实施股权激励企业的总专利数增长率比未实施股权激励企业的要高 81.8%，其中发明型专利增长率要高 36.5%，实用新型专利增长率要高一倍。由于能容忍短期的失败风险以及长期给予丰厚的回报，股权激励可以有效地激励管理层以及核心员工投入创新。

① 匹配的参考指标包括财务及公司治理指标，如上市的总销售额、资产负债率、总资产收益率、长期资产占比、管理层平均年龄、管理层平均持股、市值比账面价值、过去三年专利增长率等，且所在行业尽量一致。

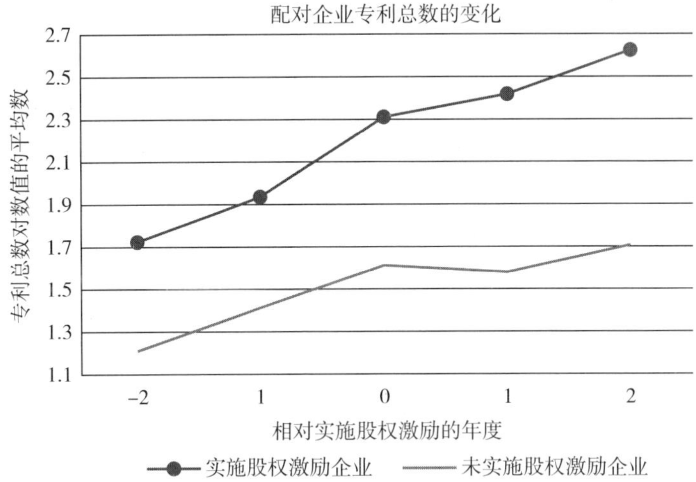

图1　配对企业专利总数的变化

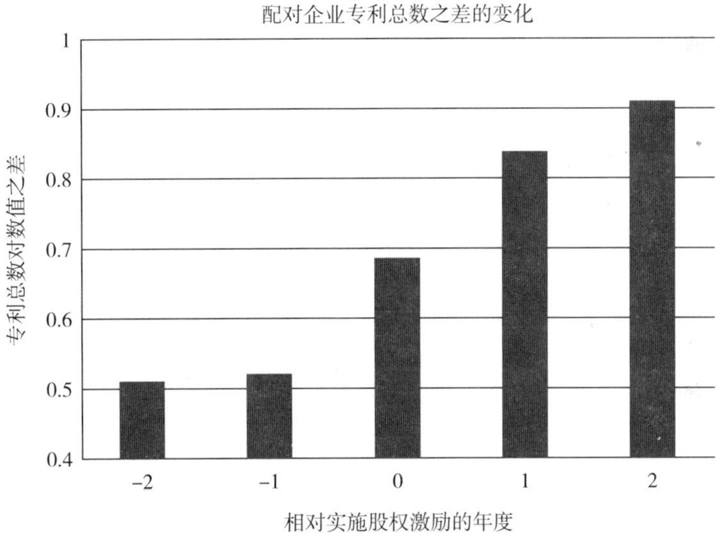

图2　配对企业专利总数之差的变化

表1　　股权激励对于企业专利的影响（双重差分检验）

	实验组差异	控制组差异	双重差分	观测值
发明型专利	0.447***	0.181***	0.266**	207
	（4.482）	（3.013）	（2.410）	
实用新型专利	1.091***	0.591***	0.500***	207
	（9.556）	（7.375）	（3.589）	

续表

	实验组差异	控制组差异	双重差分	观测值
总专利数	0.957***	0.578***	0.378***	207
	（7.676）	（7.226）	（2.637）	

注：实验组表示发行股权激励的企业，控制组表示匹配得到的未发行股权激励的企业。括号中的值为T检验值，***、** 和 * 分别表示在1%、5%、10%的水平下显著。下同。

（二）股票期权的激励效果要好于限制性股票

股票期权由于只是授予激励对象在未来一定的期限内以预先确定的价格和条件购买本公司一定数量股票的权利，它既能在股价高时体现激励性，又可在股权低时允许激励对象放弃行权以避免受到损失。而限制性股票则具有惩罚性，当激励对象利用自有资金或利用公司激励基金购买股票后，股价的上升会带来收益的提升，而股价的下跌会带来激励对象的直接经济损失。此外，当业绩不能满足预期目标以及无法出售限制性股票的情况下，限制性股票也会被公司回购注销。这种惩罚性一方面可促使激励对象更关注股价，另一方面也降低了其承担风险的动机和推进创新的动力。

表2　　股票期权与限制性股票分样本检验

		实验组差异	控制组差异	双重差分	观测值
股票期权	发明型专利	0.486***	0.213***	0.273**	153
		（4.112）	（3.356）	（2.223）	
	实用新型专利	1.098***	0.581***	0.517***	153
		（8.081）	（6.452）	（3.242）	
	总专利数	0.957***	0.581***	0.376**	153
		（6.438）	（6.516）	（2.293）	
限制性股票		实验组差异	控制组差异	双重差分	观测值
	发明型专利	0.326	0.092	0.234	51
		（1.642）	（0.605）	（0.911）	
	实用新型专利	1.083***	0.683***	0.400	51
		（4.767）	（3.699）	（1.302）	
	总专利数	0.955***	0.628***	0.327	51
		（3.880）	（3.353）	（1.031）	

本文通过将上述配对样本分成两组子样本，然后对两组企业以及各自配对企业进行同样的检验后发现，如表 2 所示，股票期权的双重差分的值显著为正，限制性股票的双重差分的值不显著，说明股票期权对于企业创新有显著的正向影响，然而限制性股票对于企业创新的正向影响相对不显著。也应当注意到，企业创新是长周期的工作，而股权激励的有效期也会对创新激励效果产生影响。如果股权激励本身的有效期较短，则无法有效鼓励激励对象从事长周期的创新工作。截至 2015 年的上市公司股权激励办法中，有 88.97% 的公司将激励有效期设置在 5 年及 5 年以下，这说明公司设置的激励有效期门槛相对较低，而有 54.53% 的企业将有效期设置在 4 年及 4 年以下，这意味着我国股权激励的激励期限还有待加长。

（三）民营企业股权激励情况好于国有企业

将样本区分为国有企业和民营企业后可以发现，股权激励对于企业创新的促进作用在民营企业中显著，而在国有企业中并不显著。如表 3 所示，国有企业的分样本检验中，双重差分值不显著，而民营企业中的双重差分值显著为正。

表3　国有民营企业分样本检验

		实验组差异	控制组差异	双重差分	观测值
国有企业	发明型专利	0.266	0.244**	0.022	45
		（1.364）	（2.244）	（0.107）	
	实用新型专利	0.955***	0.964***	–0.009	45
		（3.969）	（6.235）	（–0.034）	
	总专利数	0.727***	0.874***	–0.147	45
		（2.922）	（5.579）	（–0.522）	

续表

		实验组差异	控制组差异	双重差分	观测值
民营企业	发明型专利	0.497***	0.163**	0.334**	162
		（4.312）	（2.312）	（2.587）	
	实用新型专利	1.129***	0.488***	0.641***	162
		（8.658）	（5.368）	（4.053）	
	总专利数	1.021***	0.496***	0.524***	162
		（7.116）	（5.432）	（3.193）	

与民营企业不同的是，国家对国有企业实施股权激励有很严格的规定，实施难度较大，而且国有企业的股权激励兼具激励、福利和奖励三种性质，即部分早期的国企股权激励计划并不是为了激励高管，而是为其自谋福利。这种性质的混杂性最终导致国有企业的股权激励陷入定位困境，无法发挥应有的激励效果。

三、政策建议

（一）引导和鼓励更多企业实施股权激励计划，塑造企业创新的内生动力，消除限制股权激励的障碍

已上市和未上市的创新型公司都可实施股权激励计划，对未上市公司来讲，实施股权激励更有利于获得投资者认可，有利于凝聚团队力量。有了股权激励后，管理层对当期薪酬的要求会相对减弱，企业还将因此省下来的当期更多现金投入研发。当前限制股权激励的主要障碍是税负较高，在企业实施股票期权过程中，经营者在认购股票期权时要交纳个人所得税，转让时也要交个人所得税以及印花税，由于税率较高，在一定程度上会相应地降低经营者股票期权收入，不利于股票期权制的推行，应逐步降低股权激励涉及到的个税或印花税。

（二）鼓励企业采用多种股权激励方式

股票期权与限制性股票是不同的股权激励方式，其在权利义务的对称性上有一定差异。股票期权对于受益人具有保护性，从而能有效地激励管理层承担风险、投入创新，尤其是对上市公司可更多考虑采用股票期权方式。同时在股权激励时限上，考虑到企业创新周期较长，并尽量减少因高管急于套现带来的股市波动，建议对股权激励设置相对较长的有效期，避免时限过短导致的高管层短期行为。

（三）进一步完善资本市场，提高市场定价效率，让公司股价充分反映公司价值

股权激励的效果高度依赖于资本市场的有效程度，如果股价不能充分真实反映公司价值，股权激励终将失去作用。应坚决打击恶意炒作股市、炒作壳资源、虚假披露、内幕交易等行为，进一步提高资本市场透明度，引导资本市场更好地支持创新企业和实体经济。

（四）国有企业实施股权激励要以建立现代企业制度为前提

在缺乏市场化公司治理和职业经理人制度不到位的情况下，对国企高管的股权激励既难达到预期效果，也不利于公平公正，还容易造成内部人自定激励、国有资产流失等问题。实施股权激励的国有企业必须先真正建立起现代企业制度，由董事会决定高管选聘及其薪酬，获得股权激励的高管人员必须先放弃组织任命而变成职业经理人。

执笔：张永伟　孟清扬

国有企业需要建立包容创新失败的机制

创新可以提升企业长期竞争力，但也是高风险的商业活动。国有企业拥有大量创新资源，但创新潜力未充分发挥，重要原因是缺乏包容创新失败的机制，包括：决策过程过滤了具有正常商业风险的创新项目；企业管理人员的行政化管理方式导致决策短期化；政府部门对企业管理层的考核强化了外部约束，但也降低了管理人员创新的意愿；政府部门对人员和薪酬干预过多导致企业创新动力不足；企业管理者担心创新失败引致追究“决策失误”和“国有资产流失”的责任。究其根源，是国有企业采用了“股东主导”的公司治理，政府部门直接管理企业而又不具备商业经营的信息、能力和激励。建议减少政府直接干预；发展混合所有制经济；从利用国有企业促进创新向利用国有资本促进创新转变。

创新是企业发展的不竭动力。国有企业拥有大量的创新资源，包括高端人才、雄厚资本和良好的研究设施，但缺乏激励创新的机制，限制了企业创新潜力的发挥，其中最突出的一个问题是缺乏包容创新失败的机制。在我国实施创新驱动战略推动产业结构升级的关键时期，国有企业积极开展创新，不仅是应对市场竞争的需要，也是发挥国有资本引领作用的需要。为此，国有企业必须加快改革，完善激励创新的机制。

一、高风险是创新的基本特性

“创新找死，不创新等死。”这句企业负责人常说的话深刻反映了企业面临的两难选择。从长期看，不创新的企业必然被市场淘汰，创新是企业的必然选择。2012 年世界银行对智利 1996 ~ 2006 年十年间制造业企业的数据进行分析，发现创新的制造业企业生存概率显著高于非创新企业。从短期看，创新的过程充满风险，是企业失败退出的重要原因。国内外多项调查统计显示[①]，企业开发新产品的成功率与产品新颖度有直接关系，企业开发全新产品真正实现预定商业目标的比重不超过 20%。

企业创新的风险来自多个方面。一是技术的不确定性。美国国防部将制造技术成熟度分为 10 级，成熟度最低的 3 级几乎全部靠公共资助，中间的 4 ~ 7 级是政府投资的主要着力点，通过公私合营促进技术成熟，成熟度较高的 3 级才是企业投资的重点，成熟度越低的技术面临的不确定性越高。二是市场的不确定性。大量技术由于成本或需求的原因难以商业化，或者一时难以找到市场需求切入点。另外，市场竞争也是重要因素，同行的竞争度太高意味着淘汰率高，用户市场的竞争性低特别是市场垄断也容易导致创新的失败。三是政策的不

① Balachandra, R., and J. H. Friar. 1997. “Factors for Success in R&D Projects and New Product Introduction: A Contextual Framework.”；赵寅君：《企业技术创新的障碍及政策建议》以及《当代经济》等文献提供了大量数据。

确定性。重大技术创新在政策上面临的不确定性包括技术标准、安全监管、行业监管、知识产权保护等多个方面，如一些生物医药产品因技术标准滞后而无法进入市场。四是企业决策的失误。有时企业对创新的投入估计不足，或者在融资、研发、制造、市场推广等方面决策失误，也会导致创新失败。由此，企业创新面临的高风险主要来自创新的不确定性，多数都是企业的不可控因素。

企业的创新可以分为两类：领先式创新与跟随式创新。领先式创新指企业在世界上率先推出新产品，领先式创新的企业无疑将面临较高的风险，但也拥有先发优势，体现在技术垄断、规模与经验领先、市场与品牌领先等方面。跟随式创新指企业紧盯世界最新技术，一旦领先企业的技术得到验证、市场得到认可，立即组织力量大规模投入，力争在成本、质量、功能、外观等方面超过领先企业。跟随式创新回避了技术和市场的不确定性，但要面对后发劣势，包括专利壁垒、经验不足、品牌劣势等问题。领先式创新与跟随式创新相比，前者面临的风险主要为不可控风险，后者面临的风险主要为可控风险。由于国家创新体系薄弱和企业实力不足，我国企业过去长期采用跟随式创新。随着国家创新体系的完善以及企业实力的增长，我国一些优秀企业开始从跟随式创新走向领先式创新。

创新的高风险容易给企业带来巨大损失。创新的投入不同于传统的生产投入，创新更多地投资于技术和人力资源，而不是厂房与设备，因此一旦创新失败，企业的投入都将化作“沉没成本”。一些企业决策者具有很强的创新意愿，但不愿承担创新的高风险，在创新方面犹豫不决。

创新对企业而言是短期利益与长期利益的平衡。企业不投入创新，虽然短期内绩效指标相对更好，但长期发展缺乏动力。企业投入创新，承担了当期风险，但为未来发展打下了基础。只有重视长期目标的企业才会持续、高强度地投入创新。

二、国有企业缺乏包容创新失败的机制

当前阶段，我国国有企业的公司治理具有明显的“股东主导”的特征。“股东主导”表现为股东实际控制企业的运行，主要表现在以下几个方面：任命董事会成员和部分经理层人员（如总经理、副总经理、财务总监）；决定公司的经营方针和投资计划（如确定公司主业、审核公司战略、批准预决算等）；对企业经营业绩进行考核并根据考核结果决定管理层的薪酬；对经理层进行审计、巡视并依法依纪进行处理。相比较美英等国家现代企业的治理模式，我国国有企业的董事会和经理层权力相对较小，更像是股东的执行机构，而不是企业的决策机构。“股东主导”特征的公司治理既与我国《公司法》的特点有一定的关系，也与我国现阶段正在纠正过去长期存在的国有企业“股东虚化”导致内部人控制有一定关系。

国有企业中行使股东权力的机构是各级政府以及根据各级政府授权的国有资产监督管理机构，并非是最终所有者，很难像真正的股东那样承担创新的风险。第一，政府部门缺乏承当创新风险的激励。私人股东愿意承担短期的风险以获取长期的高额回报，而政府部门尤其是决策官员缺乏这样的激励，因为短期风险直接影响相关政府部门及决策官员的政绩，较短的任期制又弱化了对政府官员的长期激励。第二，公共决策的体制具有“厌恶风险”的特点。为了防止公共权力的滥用，民主政治都要求将权力关进笼子，制定了严密的决策机制，包括集体决策、部门会商、层层审批、信息公开、依法

依规、责任追究等。参与决策的部门可能因为部门利益、部门竞争或回避责任而不愿承担商业风险。第三，政府官员拥有决策的权力，却缺乏企业家拥有的信息和商业判断能力。对于政府部门而言，最“正确的”管理方式就是要求国有企业坚守当前主业并且业绩年年实现稳定增长，经营未达目标甚至出现损失就应受到处罚，而不是根据企业实际条件和市场环境投入创新，合理平衡短期与长期目标之间的关系。

“股东主导”的公司治理和政府部门行使股东权力，对国有企业的行为产生了重大影响，其中一项重要的影响就是缺乏包容创新失败的机制，主要表现在以下几个方面：一是决策过程过滤了具有正常商业风险的创新项目。为了防止国有企业过去出现的随意决策和国有资产流失问题，国有企业的决策过程变得越来越复杂，如重大事项需要经过“总经理办公会”“董事会”“党委会”和上级主管部门审批等多层决策，这些程序虽然有助于降低个人决策的道德风险，但也层层过滤了具有不确定性的创新项目。二是企业管理人员的行政化管理方式导致决策短期化。国有企业的管理人员被当作公职人员看待，在企业与企业之间、企业与政府之间频繁调动，导致企业管理人员重视企业短期绩效而忽视企业长期绩效。三是政府部门对管理层采用“年度考核与任期考核相结合”的考核方式，虽然强化了外部约束，但也降低了管理人员创新的意愿。任期考核一般为三年左右，短于重大技术的创新周期，无法引导管理者牺牲短期业绩获取长期业绩。四是政府部门对人员和薪酬干预过多导致企业创新动力不足。创新不仅是技术和资金的投入，更需要人力资本的投入，如企业需要减少蓝领工人而增加白领工人，但政府出于社会稳定考虑通常会限制企业调整人力资源结构。当前政府部门还对多数企业实行工资总额管理，且员工持股实施难度较大，而创新投入巨大，既影响员工的短期收入，又不能大幅提升长期收入，影响企业创新的积极性。五是创新失败的风险较高，企业管理者担心创新失败引致追究“决策失误”和“国有资产流失”的责任。政府部门为遏制腐败加强了审计和巡视等外部监督，但国有企业尚未建立清晰的追责与免责规则，外部监管者也缺乏必要的商业信息和判断能力，难以明确区分失职与尽职的行为，创新的天然风险变成了管理者的职业风险。

从实践看，国有企业在跟随式创新方面容易取得成绩，但在领先式创新方面则裹足不前。过去二十年，我国国有企业在发电设备（火电、水电、核电）、高速铁路、飞机制造等重大装备领域取得了巨大进步，有些产品进入世界先进行列，但这些创新基本都是跟随式创新。由于技术得到验证，市场需求也是明确的，企业在创新中面临的不可控的外部风险较小，主要是可控的内部风险。在国家的大力支持下，国有企业大胆投入，通过不懈的努力，最终实现了技术追赶。但是，国有企业在领先式创新方面成效不佳。从国家统计局公布的数据看，2004 ~ 2014 年，国有企业申请的发明专利数量占全国企业申请总量的比例一直徘徊在 5% 左右，与其经济总量的比例严重背离。从代表创新前言的创业板企业看，2014 年，创业板中国有企业总资产约 190 亿元，占比仅为 3.47%；同年创业板中国有企业归属母公司所有者权益为 120 亿元，占比仅为 3.18%。这些数据进一步印证了国有企业不愿从事风险较高的创新活动。

国有企业要逐步从跟随式创新向领先式创新转变。随着我国企业技术水平的提升，一方面跟随创新的空间越来越小，另一方面也出现了超越发展的机遇。部分国有企业在一些重要领域尤其是竞争性领域已经成为行业领导者，必须学习领先创新的模式，承担创新的风险。

三、国有企业建立包容创新失败机制的建议

创新是一个不断试错的过程，国有企业只有建立包容创新失败的机制，才能真正激发企业的创新热情。

第一，建议选择一批技术水平领先的竞争性行业的国有企业开展公司治理试点。新的公司治理要从“股东主导”转变为“董事会主导”，让真正善于经营企业的专才来掌管企业，激励企业大胆创新。试点主要内容包括：一是充分落实董事会权力，减少行政审批，让董事会享有《公司法》规定的决定重大事项的权力，特别是选聘经理层和决定薪酬的权力。二是落实董事会的责任。一方面，要落实“集体决策、个人负责”的制度，真正让每位董事对自己的决策承担责任；另一方面，要建立免责制度，借鉴西方国家的通行做法，只要董事尽职尽责，就可以免除商业失败的责任。三是延长考核期限。减少短期考核，结合技术创新的周期加强中长期考核，引导企业通过创新投资未来。四是政府部门减少对人员和薪酬的干预。允许和帮助企业根据市场竞争和创新的需要调整人员结构，特别是逐步裁减冗余劳动人员。增加工资管理的弹性，逐步将工资管理的权限交给企业。五是客观对待创新失败事件。国资管理部门要鼓励创新，善待创新失败者，甚至要更加重用这些敢于尝试、敢于担当且拥有经验的创新者。审计部门、纪律监督部门要客观分析创新失败的原因，要包容不可控风险造成的损失和超出决策者个人能力的因素造成的损失。六是增加企业透明度。股东放权的同时不能放松监督，通过增加企业透明度，提升社会监督的力度。公司治理试点并不是放松股东监管，恰恰是加强外部监管。股东要从直接参与性质的管理转变为间接参与性质的监督，股东身份

的转变将增加监督的客观公正性，避免“自己监督自己”造成的监督缺位。

第二，在竞争性行业加快推进混合所有制改革。竞争性行业企业只能依靠创新才能获得长期发展的动力。在竞争性行业推进混合所有制，重要作用之一就是要通过股权多元化改进公司治理，提高企业包容创新失败的程度。一些战略投资者成为企业股东，将会改变国有股东一言堂的格局。如果非公资本占到较高比例，国有资本在监管上可以“搭顺风车”，借助非公资本的力量加强监管。如果员工持股，特别是经过科学设计行权期限的管理层持股，将员工的利益与企业长期发展捆绑在一起，无疑将极大激发企业内部的创新热情。将创新的决策权交给利益相关的企业管理者和员工，是最科学有效的企业治理模式，他们不仅最了解创新项目的风险与收益，而且利益相关性将激励他们做出最合理的权衡。

第三，从利用国有企业创新向利用国有资本创新转变。对于一些风险大、周期长的创新，民营资本不愿进入，过去我国曾设立一些国有企业开展创新，对支撑产业发展发挥了一定的积极作用。由于发展条件和环境的变化，未来应更多考虑资本投资的方式，包括风险资本或风险资本引导基金、产业投资基金或产业投资引导基金。一是充分利用专业投资的社会力量。二是分散单个项目失败带来的风险，获取一篮子投资的稳定收益。三是建立高激励的机制调动创新投资的积极性。

执笔：马　骏　项安波

基于平台的开放式创新

智能手机诞生已有10年，依然生机勃勃。硬件创新持续不断，智能系统中运行的各类软件层出不穷，并孕育了诸如微信、网约车、航空信息服务等新的业态，拓展了电商平台、餐饮服务、定位服务等的业务渠道。技术进步是手机功能不断拓展的必备条件，但让智能手机迅速融入人们生活的关键是基于平台的开放式创新。具有网络状结构的创新平台持续不断地激发行业上、中、下游的创新活力，集聚各类专业性、颠覆性创新成果，让手机最终发展成为具备移动通话功能的移动智能工具。基于平台的开放式创新在其他制造业领域同样取得成功，可以为我国制造业实现转型提供有益的借鉴。

随着智能技术在互联网时代的快速发展，企业创新的开放性特征愈发明显。一些企业不再局限于引进人才、并购创新资源或内外部合作，而是构建一个遵循统一规则的网络状平台，集聚上、中、下游创新成果，以产品与服务的综合产出引领市场潮流。网络化的平台创新突破了企业的边界限制，对原行业产生颠覆性影响。

智能手机是基于平台的开放式创新的典型案例。手机最初的功能定位是可移动的手持电话，如今已经成为功能强大的移动智能工具。首先，硬件功能快速提升，手机成为照相机、移动播放器、手表、电视、游戏机等产品的跨界竞争者和替代品。其次，软件系统日益强大，各种办公、学习、查询、出行、交易、支付、沟通、餐饮、娱乐等软件都可以通过手机软件系统下载并应用。更为重要的是，智能手机对互联网、物联网、传媒、传统和新兴制造、金融、餐饮等很多行业都产生了重大影响，并由此衍生出很多新兴行业。没有智能手机，共享经济、便捷支付模式未必成为潮流，微信也未必对国人的生活和工作产生深刻影响。

一、智能手机是基于平台的开放式创新的典型模式

（一）智能手机成功的关键是创新方式的改变

2007 年之前的手机已经具备了很多功能，但主要应用仍是以移动通话和收发短信为主，除此之外的功能并没有得到普及。智能手机的出现彻底改变了现状。技术创新很重要，但技术创新与商业模式创新的结合才可能产生产业革命。以苹果公司为代表的智能手机制造企业之所以能够做到不断推出若干项涵盖硬件和软件领域的、极具专业化且贴近市场需求的颠覆式创新于一身，关键在于对创新模式进行了重大突破。

手机制造企业如果采用常规的开放式创新，有可能在一项或几项技术上取得突破，但很难让手机不间断、全领域开发出众多专业化、

突破性的功能。手机制造企业不是专业的显示屏、耳机、摄像头、听筒等手机硬件的制造商，不是专业的微信、地图、文件处理、指南针等手机软件开发商，也不是专业的共享服务、交易支付服务、网络信息管理服务等借助手机智能系统开展业务的服务商。手机制造企业几乎不可能在企业边界内独立开发出如此丰富的功能。

（二）基于平台的开放式创新让智能手机持续不断地集聚专业性、颠覆性创新成果

智能手机的创新方式可以归纳为基于平台的开放式创新。需要首先明确，这种创新是开放式的，创新企业借助外部创新资源，但并非将外部资源吸纳进本企业，而是建立了一个可以直接整合外部创新成果的平台。

手机制造企业提出智能手机的机理，设计出手机应具备的硬件功能和智能系统功能，并为实现功能建立能够集聚各类硬件供应商和软件开发商创新成果的平台。一是在全球范围内寻找适合的硬件供应商。这些供应商可以分为两类，一类是具有较强研发能力和集成能力的供应商，为手机制造企业组织研发、组装成品，例如国内熟知的富士康；另一类是具有较强研发能力的独立硬件供应商，例如为手机制造企业专业化提供手机芯片、电池等硬件的制造企业。二是让智能操作系统具备承载各类软件的功能和吸引力。苹果公司和三星公司开发了手机智能系统，但系统中的绝大多数软件并非苹果公司开发，而是由不同专业软件开发商开发的。苹果和三星公司选择硬件供应商和接受软件上线都遵循严格的接口标准，并建立了与之合作的利益分享机制。详见图 1。

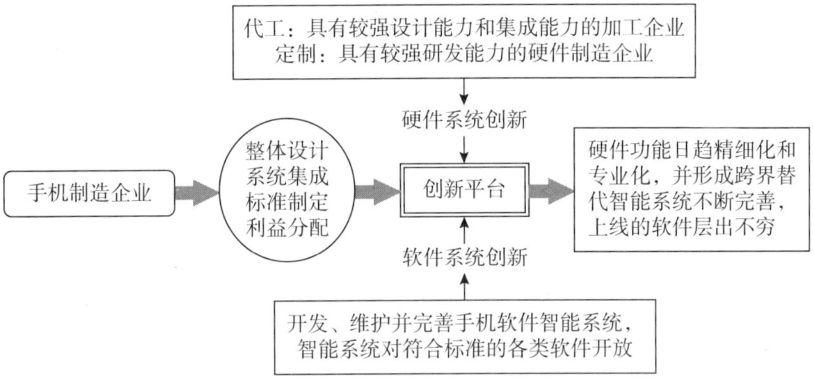

图1　智能手机基于平台的开放式创新示意图

二、平台的实质是激发创新活力和集聚创新成果的网络

（一）平台的网络化特征：以苹果公司的创新平台为例

苹果公司立足品牌价值和市场影响力，重点突出硬件和智能系统设计能力，制定严格的包括企业产品、服务、管理、合作等内容在内的标准体系，分别建立起了硬件供应商网络和软件提供商网络。这两大网络共同组成了企业创新平台。

硬件供应商本身具有较强的研发和集成能力，采用供应链管理或外包的方式也拥有较高水平的供应商网络。软件提供商上线苹果手机智能系统的渠道有两个：App Store，各类应用软件在此上线；itunes，各类音乐和视频在此上线。苹果公司的软件提供商也是独立的实体，有游戏开发商、地图开发商、语音识别系统开发商等；有企业服务平台，如银行支付系统、订餐服务系统、媒体 APP 等；还有很多新兴业态的应用系统，如打车软件、航空信息服务软件、微信等。详见图 2。

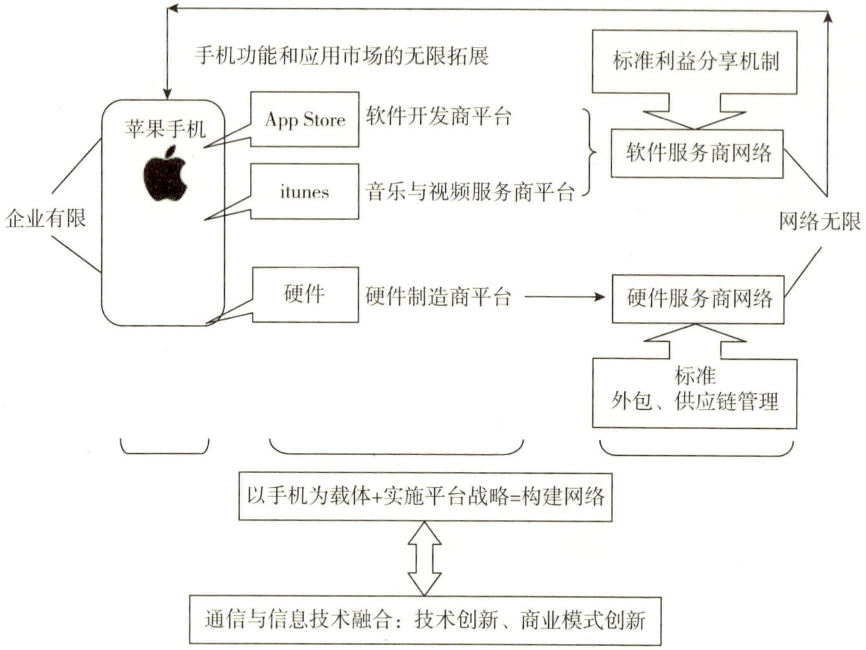

图2 苹果手机平台创新的网络化特性

共享安卓系统的三星、华为等手机制造企业基本采用了与苹果公司相似的基于平台的创新模式，都拥有硬件供应商网络和软件开发商网络。安卓系统比苹果系统的开放性更强，不搞专设 App Store 和 itunes，市场充分竞争，因此更易于软件提供商上线以及与电脑链接。而且，由谷歌开发的安卓系统对所有手机厂商开放，并最终形成了苹果系统与安卓系统两分天下的局面。

（二）网络化的平台体现了全新的商业模式

网络化的创新让智能手机的功能和应用市场得以无限拓展。与技术创新同等重要的是创新模式的创新。以智能手机为代表的基于平台的开放式创新是一种全新的商业模式，其优势体现在多个方面。

一是企业网络的竞争优势。立足网络化的平台，以苹果和三星公司为代表的智能手机制造企业与平台上的各类组织形成了合作关系，以网络的力量战胜了以诺基亚、摩托罗拉、爱立信等为代表的单个智能手机制造企业。

二是新型合作关系的激励创新。大家共存于一张网络之中，共享创新成果带来的经济效益。每一个创新伙伴的加入、每一项创新成果的推出，都有助于网络效应的持续释放。合作关系并非以产权为纽带，而是通过利益共享机制促进网络中企业和机构能够以开放的态度在平台上分享创新成果。

三是集成创新推动的产品创新。智能手机制造企业实现了由产品制造商向产品集成商与服务提供商的转型。提供的产品是若干项硬件和软件创新成果的集成，是硬件与软件的集成，是不同功能的专业化产品的集成，是多个制造模块的集成，包括芯片模块、电池模块、摄像头模块、屏幕模块、系统模块等；提供的服务既有面向手机用户的智能服务，也有面向平台网络合作者的各类服务。

（三）平台创新的网络效应明显

智能手机制造商构建的创新平台，正在持续不断地释放创新的网络效应。网络中的上、中、下游企业和研发机构形成了共同开发一类产品的合作关系，共享创新成功带来的经济效益，共担创新失败导致的市场损失，落后的加入者将很快被后来者取代，因此有效激发了大家积极创新的活力。平台面向市场开放，符合制度的创新成果都可以加入进平台的网络之中。这是智能手机功能可以不断突破的源泉。

智能手机平台企业不需要过多投入研发费用，通过平台网络的收益共享、风险共担，就可以不断获取最先进、最符合市场需求的创新成果，实现赶超与引领。仍以苹果公司为例。在普华永道公布的“全球最富创新精神公司排行榜”中，苹果公司连续6年位居1000家上榜企业的榜首，但其每年的研发费用支出却从未进入1000家企业的前10名。2014年和2015年，苹果公司的研发强度均为3%左右。据预测，苹果公司在2016年的研发投入将首次超过100亿美元，但研发强度也仅为5%左右。根据2016年“中国企业500强”数据，百度、华为、中兴的研发强度都已超过10%，百度更是达到了15.89%。依托网络的创新效应，苹果公司2015年取得的利润占到了全球智能手机利润总额的91%。

三、制造业企业转型可借鉴基于平台的开放式创新经验

（一）基于平台的开放式创新在其他制造业同样取得成功

呈现网络化特征的平台理念早已有之，利用开放式的平台网络创新成功的例子有很多。

例如供应链就具有网络化的组织结构，可以看作一个服务客户的平台网络。香港利丰集团是利用供应链管理思想成为实施平台创新的典型代表。利丰集团没有采用传统的建立全链条服装生产厂的方式制造服装，而是构建了由自己主导的供应链网络，组织不同地区的优势生产、制造企业生产服装原材料和配件，最后集成服装成品。这种方式对传统服装制造业产生了较大冲击，香港利丰集团也在商业模式的创新中发展成为大型国际商贸集团。

例如海尔集团，建立了创新平台，对全球创新者开放，采取与内外部创新者合作的方式共同为海尔用户开发新产品。海尔集团鼓励内部员工面向客户需求组建研发团队，团队与团队之间是竞争与合作的关系。海尔的创新平台与智能手机的创新平台有所不同，但网络化的机理相近。

（二）基于平台的开放式创新有助于我国制造业实现转型

我国制造业正处在由大转强的关键期，却难以解决研发资源不足、制造能力不强、智能发展滞后的现实问题，长期处于全球产业价值链的中低端。但我国的制造业经过多年发展也形成了产业规模大、制造体系较为完善的优势，并拥有巨大的国内消费市场。采取平台创新模式，有助于发挥我国制造业的优势，突破劣势，提升产业竞争力。

制造业企业发挥产业规模和市场规模优势，贴近消费市场，关注客户需求，将有限的资源重点投入到整体设计、系统集成、标准制定和智能系统开发四大高端环节，面向全球配置制造资源和研发资源。配置的方式除了合作和并购等方式外，还可以建立创新的平台网络。根据设计需求和系统标准，选择具有研发能力和集成能力的制造企业合作，建立制造网络；吸引虽然具有自主知识产权、问题解决能力和较快市场反应速度，但缺少市场渠道和商业化资金等关键成功要素的研发组织，建立起研发网络。

通过平台创新，我国制造业能够实现从全球产业价值链的中低端制造环节向中高端设计、研发、标准、服务环节的位移。同时，各类市场要素在平台网络效应的影响下也将自主重新组合，促使产业分工体系重构。实施平台创新的制造业企业将有机会在新的产业体系中占据主导地位。

（三）制造业企业实施基于平台的开放式创新需多点突破

一是挖掘市场需求。我国制造业企业应首先具备发现未来市场需求的“眼光”。不是目前有能力制造什么就产出什么，也不是目前市场需要什么就产出什么，而是要汲取苹果公司研发智能手机的经验，激发未来的市场需求，力争占据未来行业发展的制高点。

二是提升整体设计能力。整体设计能力是智能手机制造企业的核心优势，却是我国制造业企业的普遍劣势，但并非不能突破。我国的华为、海尔等很多制造业企业都具备了较强的整体设计能力。为此，企业需要组建一支具有全球性、前瞻性思维和领先技术的设计团队。

三是开发软件系统。产品与智能系统相结合是先进制造业的重要特征。智能操作系统是智能手机的重要后台支撑，也是创新平台的重要组成。制造业企业实施平台创新，必须建立拥有自主知识产权的智能系统，一方面用于支撑产品的设计和运行，另一方面用于集聚各项创新成果。

四是实施系统集成。智能手机的制造处处需要系统集成。制造业企业实施平台创新也是如此，包括通过不同制造模块生产的硬件组装成品的集成以及硬件与软件的集成。制造业企业即使采用代工组装的方式，也需要对不同硬件模块下达定制化的订单，最终在组装厂完成大规模定制。

五是制定规则。平台网络是在统一规则下运行的。平台规则包括产品标准、后台软件系统管理规则、合作规则和利益分配机制等，每一项都不可或缺。

四、促进基于平台的开放式创新的政策建议

（一）高度重视基于平台的开放式创新模式

新的创新模式是我国产业结构调整和企业竞争力提升的有效途径。而且，我国制造业整体创新能力落后，但在某些细分领域已有突破，非常适合采用平台创新的模式促进上、中、下游合作创新，以网络的力量实现赶超。对此，相关政府部门应将基于平台的开放式创

新模式纳入国家创新体系，鼓励具有实力的制造业企业实施平台创新战略，以网络化的方式集聚全球创新资源。

（二）支持平台创新的企业建立或参与行业技术研发平台

创新的网络化平台集聚了各类创新成果，成果的有效性在市场的应用中得到检验。这类由市场需求主导的研发平台正是我国产业结构调整所亟须的。为促进我国各类政府支持的研发平台转型升级，同时也是支持制造业企业的平台创新，建议将政府支持的研发平台与制造业企业主导的创新平台有机结合。给予平台创新企业相关的研发支持，同时高效利用创新平台的创新成果和严格标准，服务于制造业的基础研发和市场引导。

（三）完善平台创新的相关法规

构建平台的企业需要为平台的运行建立规则体系，规则的设立应符合国家的法律法规。但平台创新是一种新型的商业模式，在企业的合作过程中，总会遇到一些新的问题。主要包括两类：一是如何界定网络中各业务链节点企业间的责任以及平台的责任；二是如何在激励企业参与网络创新的同时，规范企业创新的行为。苹果公司的成功得益于平台规则的先期导入，也离不开美国较为完善的法律环境。我国支持制造业企业开展平台创新，应及时完善相关法规，防范网络弊端于未然，包括相关合作方责任的划分、平台免责条款的制定、知识产权的保护等。

（四）开发平台创新企业的平台大数据

具有网络状结构的创新平台汇集了大量信息流。在信息制胜的时代，政府应重视平台创新企业的大数据资源。一是支持实施平台创新的企业建立专业化的数据系统，并开展有价值的大数据研究，为政府决策提供参考；二是支持平台创新企业建立用于行业共性技术研发和测试的数据模拟实验室，为行业创新提供专业化的信息服务；三是培育平台数据市场品牌，以平台为渠道，向社会及时发布权威、真实信息。

执笔：周健奇

更加重视渐进式创新

渐进式创新一般在现有资源和用户基础上不断改进技术，突变式创新则会导致企业原有生产资源沉没或者主要用户发生改变。各国在渐进式创新与突变式创新方面的不同路径与国家创新系统和企业特点有密切关系。日本渐进式创新处于世界前列，对日本产业发展和经济结构调整发挥了重要作用，其经验值得中国企业借鉴。我国创新基础比较薄弱，应该更加重视渐进式创新。建议国家进一步改进创新政策，激励企业持续渐进创新，通过量变实现质变，提升国家整体创新实力。

由于互联网的发展和物联网的兴起，电子商务、智能制造对传统的服务业和传统制造业带来了新的技术革命，全社会将创新焦点转向这些突变式创新，往往容易忽视渐进式创新的重要性。实践中，越来越多的人开始认识到，渐进式创新是基础，必须予以高度重视。

一、渐进式创新与突变式创新

渐进式创新指利用现有资源、不断改进技术、主要服务现有用户群的创新方式。如手机制造商在新型号手机上添加新的硬件或软件，增加手机的服务功能。突变式创新指采用新的技术导致企业原有生产资源沉没或者主要用户发生改变，如数字技术导致胶片相机的生产资源沉没，电子商务吸引了大量商场消费者等。

渐进式创新与突变式创新带来不同的效果。渐进式创新重视内部资源，依靠全员创新，对企业发展和产业格局破坏小，投资风险小，利于现有企业的长期发展，但企业发展相对缓慢，产业结构调整能力相对弱。渐进式创新在传统产业尤其是制造业的非模块化技术领域是主要创新方式。突变式创新重视外部资源，依靠少数精英创新，具有颠覆产业结构能力，企业容易出现爆炸式增长，但投入风险大，不确定性强，容易破坏现有产业体系，造成大量企业退出、员工失业。突变式创新容易出现在技术进步快的新兴产业，特别是模块化技术广泛应用的领域。

从全球各国实践看，美国始终处于突变式创新的前列。19 世纪以来，美国企业在发电机、电灯、火车、电话、塑料、半导体、计算机、互联网、人工智能等领域的创新，给全世界带来了革命性的变化。德国、日本等国家经济也处于世界前列，但突变式创新相对较少，企业主要还是渐进式创新。比较各国实践可以看出，企业创新路径的选择与区域创新系统和企业的特点密切相关。

第一，区域创新系统为不同创新路径打下基础。美国的国家创新系统具有鲜明特点：重视基础研发，科技水平全球领先；重视专利保护，企业投资创新积极性高；风险资本发达，为新创企业提供充裕资金；证券市场活跃，为风险资本循环提供通道；创新网络完善，各类创新资源快速聚集。这些因素都为美国的突变式创新提供了良好环境。相比之下，德国和日本的创新系统更加有利于渐进式创新，对突变式创新的支持远不如美国。

第二，企业的特点是企业创新路径选择的重要依据。德国、日本的企业重视员工的技能和技术研发，如德国的“双元制”培训体系为企业提供了高技能工人，日本的“精益生产”管理方式倡导员工参与的持续改进。德国、日本的企业特点成为企业选择渐进式创新路径的重要依据。

渐进式创新与突变式创新是相互补充、相互促进的关系。一方面，渐进式创新为突变式创新打下坚实基础。渐进式创新积累了先进技术和各类生产要素，培养了用户群，为突变式创新创造条件，渐进式创新与突变式创新在一定程度上是“量变”到“质变”的关系，因此突变式创新很少出现在经济落后国家，一般出现在渐进式创新基础较好的国家。另一方面，突变式创新提高了渐进式创新的起点。突变式创新发生后，创新进入新的周期，推动创新不断改进完善。总体上，渐进式创新是常态，突变式创新是偶然现象。

二、借鉴日本渐进式创新的经验

（一）日本是世界创新强国

过去十几年，由于数字技术的迅猛发展和互联网的快速普及，曾经辉煌一时的日本大型消费电子制造企业被突变式创新颠覆，索尼、松下、东芝等世界知名企业先后陷入发展困境，许多人由此形成了“日本衰落”的印象。实际上，消费电子产业只是日本经济的一部分，虽然它们的失利对日本经济发展带来了负面影响，但日本经济的总体创新能力仍然非常强大，甚至可以说处于全球领先地位。

专利数量可以反映日本创新的发展水平。日本在美国专利申请的占比非常高，2007 年日本在美国专利授予率[①]达到 42.9%，远远超过德国（11.64%）、英国（4.23%）和法国（4.03%）。据世界经济论坛《全球竞争力报告》，2014 年日本的科技创新为第 4 位，其中企业研发投入和专利申请数排名均为第 2 位，科学家、技术人员的数量排在第 3 位。日本事实上成为自主创新的国家。无论从专利数量还是从专利质量看，日本在 20 世纪 80 年代中期实现了从模仿创新向自主创新的转型。从三项授权专利[②]国内人均授权量看，日本在 1984 年发明专利数超过了实用新型专利数；而且，专利质量越来越高，日本的发明专利占比从 1984 年前的不足 30%，上升到 90 年代的 80% 以上。

日本经济增长“失去的 20 年”也是日本产业结构大幅调整的 20 年。日本的产业结构正在向新的方向调整：一是环保、生命科学等产业成为支柱产业。日本拥有重金属处理、水处理、垃圾处理等世界最先进的环保技术以及资源综合利用技术。很多企业实现了绿色生产，有的企业“绿色创新”投入占到全部研发投入的一半以上。二是电子产业等实现了转型升级。日立将信息技术与电子产业有机融合，实现了向智能城市、医疗等社会基础产业的转型，松下集中发展电子核心部件、燃料电池、汽车电子系统，成为中间产品的供应商。三是尖端基础材料工业处于领先地位。日本一直致力于新材料的生产和研发，为下游

---

① 美国专利授予率是指占美国授予非本土专利的比率。数据来源自大野健一的中文版著作《学会工业化》P12。

② 三项专利指发明专利、实用新型专利和外观设计专利。

新产品开发提供保障。日本的碳素纤维占全球市场份额近60%，最大的生产企业东丽是由一家传统纺织企业发展而来的，其碳纤维材料技术已领先世界约半个世纪。四是机器人产业快速发展。日本的工业机器人生产数量世界第一。

（二）渐进式创新推动日本产业发展

1. 日本渐进式创新的背景

日本的国家创新系统虽然不像美国那样具有活力，但也具有鲜明的特点，如重视跟踪学习世界先进技术，善于利用“逆向工程”；鼓励注册专利，但专利保护期相对较短；企业之间相互持股或企业间组成系列企业集团，形成主银行制度和固定交易关系；官产学间的密切合作关系。这些特点虽然不利于突变式创新，但为渐进式创新创造了条件。

日本企业制度也倾向于支持渐进式创新。日本企业过去的巨大成功离不开三大“神器”：终身雇佣制、年功序列制、企业工会制。终身雇佣制让应届毕业生终生服务于一家企业，年功序列制依据从业人员的工作年限来增加工资和提升职务，企业工会制保障在职职工的会员资格。三大制度将员工与企业捆绑在一起，企业为员工提供保障和安全感，员工也愿意与企业同舟共济。这些制度激发了企业员工工作和创新的积极性，也有利于企业人力资本的长期积累。

2. 企业依靠渐进式创新走专业化道路

日本企业格外重视独有技术的开发，走专业化发展道路。大企业是在核心产业和核心技术的基础上，利用综合实力发展相关多元产业。如旭硝子利用核心技术差异化战略，从一家传统平板玻璃企业发展成为集生产玻璃、电子、化学、工业陶瓷为一体的大型综合材料服务提供商。东丽利用核心技术、基本技术和业务平台发展具有长期竞争力的业务。

日本中小企业也如此。有一类中小企业是在大企业的支持和培养下发展起来的，他们成为大企业的配套企业，与大企业共同进步。还有一类中小企业拥有独有技术，有的成为行业隐形冠军，其中不少是百年企业，他们在细分领域利用长期积累的知识和经验不断创新。

3. 创造了先进的持续创新模式

丰田公司对日本渐进式创新起了榜样和推动作用。丰田最早提出“改善”的管理思想，发明了丰田生产方式，核心思想之一就是通过全员参与改善来不断提高生产管理效率和技术水平，减少各种看得见和看不见的浪费，降低生产成本。该生产方式在20世纪70年代末成为日本企业和世界企业的学习榜样，其核心理念和方法在日本制造业以外的行业也被广泛应用。随着智能化时代的来临，丰田生产方式本身也在“持续改善”。

日本企业普遍重视全员参与创新。佳能公司原总裁御手洗对全员创新的认识在日本具有代表性。他认为人并非是成本要素而是知识主体，为了发挥人的创造性，佳能取消了生产线，采用了单元生产方式①，让每个人成为“万能工匠”，实现生产的持续改善自我革新。实践证明，通过全员持续改善提高的生产效率不低于新设备引进提高的生产效率。日本汽车工厂不断地对老生产线进行技术改进，不仅使生产效率大大提高，还实现了多品种定制化生产。全员创新让日本企业获得了软实力。

① 单元生产方式是将产品由生产线生产的方式改为生产单元工作方式，即工作单元的一个人或少数人组成的团队来完成产品的全部组装工作。

4. 形成了独特的企业创新体系

日本形成了以企业为主体的创新体系。企业充分调动内部创新资源，不仅包括企业自身的创新资源，还包括大企业集团合作关联企业的资源。如旭硝子属于三菱系，它的新产品开发就可以利用三菱系统的资源。日本通过主银行制度、相互持股、技术和人才交流等方式，形成企业战略联盟，即所谓的三菱系、丰田系等大企业集团。创新内在化是日本企业创新体系的重要特征。

企业重视上下游合作创新。在新产品、新技术开发上，上下游企业往往紧密合作，它形成于 20 世纪 60 年代。上下游合作创新，可以降低研发成本，缩短研发时间。上下游企业建立长期的合作关系，有利于加快产业转型升级。

5. 日本渐进式创新也在顺应时代发展不断变革

随着全球化和新经济的发展，日本创新也面临诸多挑战。开放性不够让日本失去很多发展机会，未来技术越来越复杂，依靠内部资源已不能解决。同时，老龄化少子化降低了日本创新活力。教育改革雪上加霜，自 2004 年国立大学实现独立行政法人化改革以来，政府财政预算骤减，由于大学经费供给的严重不足，学术和教育质量受到影响。2013 年日本人均学术论文发表数已从世界的 17 位降至 35 位，工学、临床医学、物理学和生命科学等优势学科呈现退步①。

加大开放式创新是日本企业发展的新趋势。日本很多大企业认识到，未来产业的发展越来越需要跨界合作，需要开放式创新。一些企业紧跟新技术潮流，直接与颠覆式创新企业开展合作，如丰田、松下和旭硝子与美国特斯拉进行了生产合作，丰田提供了汽车生产制造技

① 日本国立大学协会2015年5月25日报告。

术，松下提供关键部件燃料电池。一些企业对创新体系进行了改革，如东丽在加强内部创新资源整合的同时，进一步加强了开放式创新体系的建立。建立了集中的研发平台，成立基本技术联络讨论会，建立了“与世界领先企业建立战略合作”“建立官产学创新联盟”“与重要客户建立创新基地”“利用外部工程师创新技术”四种开放式创新方式，有力地促进了企业创新。

三、更加重视渐进式创新

（一）我国创新基础薄弱，需要更加重视渐进式创新

改革开放以来，我国创新能力不断提升，但总体上仍然处于全球中游水平。《全球创新指数（2016）》评估体制机制、人力资本与研究、基础设施、市场成熟度、企业成熟度、知识和技术产出以及创意产出在内的国家创新活动，中国排第25位。《全球竞争力报告（2016—2017）》评估制度、基础设施、宏观经济环境、健康与初等教育、高等教育与培训、商品市场效率、劳动力市场效率、金融市场发展、技术准备度、市场规模、商业成熟度和创新等重要方面，中国排在第28位。2013年国家科技部启动国内外技术竞争调查活动，参与专家主要来自国家863计划、支撑计划、国家重大专项课题承担专家、千人计划、高新技术企业研发和管理专家等。通过问卷调查判断，我国技术水平总体上相当于美国技术水平的68.4%，总体技术水平与国际领先水平的差距为9.4年。

尽管我国企业可能在少数领域成功实现突变式创新，但我国总体创新基础相对薄弱，需要通过渐进式创新进一步夯实技术基础。以工业4.0和智能制造为例，我国企业在许多领域尚未掌握主要部件的核

心技术，80% 的集成电路芯片制造装备、70% 的汽车制造关键设备、40% 的大型石化装备以及绝大部分高端、精密的试验检测设备和数控机床控制系统要依赖进口；我国多数企业信息化基础薄弱，购买的主要管理软件（ERP、MES、CRM 等）相互独立，存在信息孤岛和数据整合问题，供应链也没有打通，无法形成人、机、料、品的动态联动。这些问题都是工业 2.0、工业 3.0 时期的问题，需要长期积累才能解决。由于积累不足，制约了工业 4.0 的发展。

（二）改进创新政策，激励企业持续渐进创新

在我国过去三十多年的快速追赶发展过程中，部分企业习惯了引进设备和技术快速满足国内庞大市场需求的传统发展模式，到处寻找挣快钱的机会，不愿开展长期艰苦的创新活动。随着我国经济进入新常态，我国经济的供给和需求面都发生了根本性变化，企业必须加强创新投入。国家要不断完善创新系统，激励企业持续创新。

一是要进一步落实税收激励。我国采用国际通行的研发费用税收优惠政策，对企业研发费用制定了 150% 的扣除比例，在世界各国中属于较高比例。去年进一步放宽了享受优惠的行业范围和费用范围，简化了费用核算管理，减少了核准程序，对激励企业创新产生了积极影响。该政策由税务部门管理，各地在执行过程中仍然存在较大差异，财政状况较好地区一般执行比较到位，财政状况不好的地区容易出现研发费用核算管理过紧的现象。另外，中小企业研发项目立项和管理不规范，导致中小企业享受政策比例过低的现象比较突出。建议税务部门进一步提升能力，加强服务，通过落实政策激励企业增加创新投入，提高创新能力。

二是加快科技体制改革，重点建设一批服务中小企业的应用技术

开发机构。美国、日本和德国等创新领先国家都高度重视应用技术开发体系建设。美国在国家制造创新网络计划（简称 NNMI 计划）中提出组建 15 家以上的应用技术研究所，帮助新的制造工序和技术从基础研究过度到制造应用，重点为中小企业提供技术支持。日本政府在全国各地设立了 180 多家产业技术中心，为中小企业提供技术研发、技术咨询、技术培训、技术交易、产品实验、测试检测等服务。德国史太白基金会拥有 750 家分支机构，为企业提供技术咨询、研究开发、技术转移、技术评估、人员培训等服务。我国需要借鉴发达国家的经验，政府给予一定的投入，采用市场化机制，构建服务中小企业的应用技术服务体系。

三是要鼓励产学研合作，促进联合创新。美国、日本、德国等创新领先国家都重视产学研合作开展联合创新，如 1976 ~ 1979 年，日本政府支持富士通、日立、三菱机电、日本电气和东芝 5 家主要的日本半导体公司组成超大规模集成电路技术研发合作产业联盟（VLSI consortium），帮助日本企业在 20 世纪 80 年代实现技术赶超。1987 年美国 13 个主要半导体公司与研究机构、政府部门组建半导体技术研发合作产业联盟，帮助美国半导体企业重新回到了世界第一的竞争地位。北京中关村在促进企业联合创新方面也取得了许多经验。建议国家创新资源要进一步向产学研合作和联合创新倾斜，打造产业创新生态。

执笔：马淑萍

深度利用国际创新资源的路径与政策

中国已成为国际创新链的关键节点，全球创新资源有加速向中国集聚趋势。利用得好，对解决我国产业升级中的诸多短板大有帮助。在利用国际创新资源方面，除传统的海外并购、引进技术与人才等方式外，近年来也出现了在海外建立孵化器、引进国际创新平台、到海外建立研发中心、建立新兴研究机构、利用新兴平台机构直接推动国外有专长的中小公司与国内产业链对接等新方式，并取得较好效果。建议从战略高度重视并利用好全球创新资源与中国产业对接这一千载难逢的“中国机会”，重点破解阻碍国际创新资源与中国创新对接的障碍，并对新的组织方式与组织平台给予适当政策支持。

一、全球创新资源有加速向中国集聚趋势，利用得好，对解决我国产业升级中的诸多短板大有帮助

从国内很多公司和机构与欧美等国一些大学、研究机构、大公司、中小公司等接触与合作反馈的信息可以得出一个初步判断，国外上述

机构手中有很多我们需要的技术等创新资源，且对“中国概念”比较认可，有与中国市场和产业合作对接的强烈愿望，这为我们更深度地利用国际创新资源提供了难得机遇。

（一）很多源头创新资源希望对接中国市场

如在美国波士顿、英国剑桥、以色列特拉维夫等地高校、科研机构、科技公司比较集中的地区，有很多基础性科学成果和前沿性技术突破，很有科研和市场价值，但这些地区要么市场规模小，要么缺乏产业化配套条件，大量源头性创新资源找不到转化的出口或产业化支撑，很是“浪费”。哈佛、MIT 等美国知名高校负责人提出，他们愿意将一些前沿和新兴领域如材料科学、基因科学、人工智能、精准医疗等方面的创新成果移植到中国产业化土壤中。过去的国内外实践证明，这些源头性技术一旦找到产业化领域，往往会裂变出很多个大小不一的新产业，并产生持续创新的潜力，这与我们过去偏制造端为主的新兴产业发展模式有较大不同。

（二）制造业中很多有一技之长的中小企业希望对接中国产业

如德国在工业自动化、通讯、医疗、装备制造方面约有六万多家企业，95% 是中小型企业或家族性企业，其中不乏在很细分市场中处于全球独占地位的企业。德国作为制造大国，有其特殊的工业结构，行业内分工非常细，彼此粘合度很高，在一个产业内往往形成了从“材料—装备—部件—软件—整机”这样稳定的供应链体系，少数大公司处于供应链末端，相当于龙头，但龙身很长，专业化的中小企业处于龙身的某个环节，只跟着这些龙头走。中小企业很难离开大企业独自去全球化。近年来情况发生了一些变化，一些家族企业新一代接班人不同于早期创始人的相对保守和固化的经营理念，而更倾向于全球化发展。目前已有一些德国中小企业获得了来自中国的投资，并很快实现了与中国产业对接，产生了很好的效果和示范作用。现在在德国，引入中国资本、拓展中国市场、对接中国产业，已成为很多中小企业新战略目标。如德国 SCOTTSTREET 是一家很小的电动汽车设计公司，他们掌握了电动汽车有关模块化生产的核心技术，目前已获得来自中国的风险投资，并与中国汽车企业开展了合作。

（三）中国企业对国外创新资源需求迫切，需要用全球化视角解决需求端创新问题

为摆脱产能过剩、低价竞争、产业低端化的发展困境，中国企业转向创新驱动的压力和动力不断增强，迫切希望利用新技术、新设备、新工艺实现升级。这其中包括很多上市公司，不乏资本和各类资源，而最缺的是创新项目和技术来源，尤其是缺乏前沿技术。但这种升级需求在国内一时难以得到充分满足。一方面国内很多高校科研机构虽然也有很多科研成果，但缺乏像美国 MIT 等高校那样拥有大量源头性、原创性的创新供给，难达企业预期；另一方面由于缺乏科研诚信、法律保护不足等问题导致国内一些企业不愿与国内院校合作，而更愿转向与国外机构合作。特别是国内有一大批一生下来就具备国际化基因的公司，在迈过资本门槛或经过早期发展之后，尤其希望到国外寻求创新资源。

二、对接国际资源的传统方式仍在发挥主流作用，但也存在局限性

我国一直比较重视利用国内国际两个市场、两种资源，在海外并

购、引进技术与人才、吸引跨国公司在华设立研发中心等方面积累了很多经验。但需要注意的是，由于中国经济体量大，中国企业又喜欢“扎堆式”进入一个国家进行并购，或“粗放式”在当地挖人才，势必会引起东道国的警惕和一定程度的反感。

（一）中国企业在美欧等国大量并购高技术公司的行为恐难持续

我们必须充分考虑到西方看待中国崛起和中国资本进入的矛盾心理，尤其是我们并购的对象转为当地的一些大公司或高技术企业，一旦触动该国核心利益，加上解决不好东道国社会关切以及并购后的企业融合问题，类似的大规模并购很可能会被叫停。

（二）引进技术和人才的战略仍需改进

中国企业从国外购买技术，做的好可以实现引进消化吸收再创新，做不好则容易陷入引进再引进的循环，不断地买技术，却难以形成自主的技术能力。国内企业近年来比较重视从海外引进人才，政府也鼓励人才引进，对一个企业来讲，如果引对了一两个关键人才往往能帮国内企业解决很大问题。目前的问题是，一些由政府支持或以各种人才计划引进的人才与国内企业对接不理想，引进的人才中存在以次充好的情况，需进一步处理好引进的人才与本土人才在待遇和管理上的关系。

（三）跨国公司在华设立研发中心的技术溢出效应难达预期

总体上看，跨国公司在国内设立研发中心，有利于技术外溢和培养本土化人才。但由于很多跨国公司的研发中心在中国并不具备核心研发能力，多是做些应用性、市场适应性开发，在这些机构很难出现重大技术创新，高附加值的技术溢出并不明显。当然，随着中国本土企业竞争力的提升，很多跨国公司也主动或被迫逐渐加大在华研发投入。

三、近年来出现的一些新路径

传统方式仍是我国利用国际创新资源的主流方式。同时中国企业在国际化实践中也探索出了一些新方式、新路径，效果逐步显现，值得高度关注。

（一）在海外创新资源集聚区建立孵化器，再将孵化成果到国内进行转化和产业化

国内如招商局集团、海信、光启研究院等在美国、以色列等地建立了很多高科技孵化器，并以基金方式对其中有前景的项目进行投资，这种“海外孵化 + 中国资本投资 + 国内产业化”的一体化方式缩短了成果转化时间，而且实现了将重大原创性的技术快速与中国国内产业对接，取得了多赢效果。现在的问题是，这种模式近年来备受热捧，国内很多资本和企业一下子在国外建了很多类似的孵化器、创新中心、成果转化平台、投资公司等，其中有些缺乏管理，运营不善，发展参差不齐，这在一定程度上引起了当地技术人员、投资机构的担忧。

（二）在海外直接建立研发中心

相对于作为开放机构的高科技孵化器，大公司到海外建立的研发中心一般都是为自己公司服务，主要是利用当地研发人才。现在有越来越多的国内企业选择到世界不同地方建立研发中心。如华为在欧洲、

美国、以色列、印度、俄罗斯等地建立了很多研发中心，有的是利用当地的高水平设计人才，有的则瞄准当地的数学人才、软件人才等。现在华为在海外的研发支出已与国内基本持平。近年来，一些想进入电动汽车领域的国内互联网企业，如蔚来公司等，一开始就立足国际化，在德国、美国硅谷等地建立面向中国国内市场的整车、智能化等研发中心，大大缩短了汽车开发周期，一下子站在了产业前沿。

（三）利用平台机构推动国外有专长的中小公司与国内产业链对接

过去几年，由于文化、法律等方面的差异，中外企业间点对点的对接多不理想，很多国外小公司对中国缺乏了解，有的甚至从未到过中国，对如何与中国公司合作、如何在中国保护知识产权等都没有经验，顾虑较多。而国内企业特别是实体企业更倾向于股权控制，缺乏国际化经验，很多本来非常有意义的对接，往往会因为管理和经营上的问题而中途夭折。针对这些问题，国内出现了一些平台化的对接服务机构，效果很好。这些平台化机构名称各不相同，但运作模式相似，有的以研究院形式存在，有的则以新兴社团、创新联盟等方式存在。平台机构的核心作用是在合作双方建立公信力，为双方企业提供包括早期培育、资本投资、战略沟通、技术交流、第三方担保等系统性服务，国外企业通过这个平台能很放心地与国内企业讨论合作，有的先是技术合作，有的则成立合资公司。如一家瑞士从事自动化技术的公司利用类似平台对接了国内一家相关企业，二者先进行技术合作，双方各取所需，瑞士公司借此进入了中国市场，国内公司也借此实现了技术升级。现在这两家公司正在筹建合资公司，想立足中国再向国际市场进军。

（四）在国内建立以海外研发人员为主要对象、市场化运作、以产业化为主要方向的民办科研机构

这种方式近年来在深圳、北京等地发展较快。如在新能源、新材料、医疗技术、信息通信等领域，很多海外人才（主要以留学人员为主）非常希望到中国创业，而且他们中很多并不是第一次创业，在国外有过成功创业的经历。这些人不愿意到国内的体制内科研机构，机制不灵活；也不愿到大公司打工，那里缺乏创新自主性。国内一些民办科研机构满足了他们的需求，这些市场化运作的科研机构，给海外人才提供了一个科研平台，并能按国际规则设定技术成果转化权益。由于归国科研人员带回来的多是在国外研究多年的成果，很多能很快实现产业化。而一旦产业化，有些科研人员会选择离开研究院而直接去办企业，有些则在获取可观技术许可收入后会继续从事新的研究。

（五）直接引进国外的创新平台

国外有很多运作非常成熟的集投资与创业孵化于一体的创新平台，如美国的创客空间、YCombinator 等，还有一些大型公司管理的集孵化与转化一体的创新平台，如英特尔、谷歌公司在美国设立的众多平台机构。国内一些城市如上海、苏州等地通过引进这些机构在国内落地，可直接将在海外孵化的技术拿到国内产业化，或者与跨国公司合作将其存量专利、技术在中国进行转化。如硅谷 HAX 是创投基金 SOSventures 旗下的硬件加速孵化器，也是全球第一的硬件加速器。2012 年，HAX 从硅谷搬到了深圳华强北，不仅帮助中国的创客团队实现了走向硅谷的目标，同时带来了来自不同国家的团队以及他们的国际化视野和资源，为深圳的创客运动提供了经验和示范。相对中国资本直接到海外建孵化器，国外孵化器在引进技术项目、整合国际资

本、专业化管理等方面更具优势，一旦直接成体系地与中国对接，成果转化的速度会非常快。

四、结论与建议

（一）中国已成为国际创新链的关键节点，需从战略高度重视并利用好全球创新资源与中国产业对接这一千载难逢的“中国机会”

这一机会为我国企业实现从关起门搞创新转向更加深度参与国际协同创新，从模仿跟踪和引进技术为主转向前沿创新与自主创新，从苦于找不到技术资源而放弃转型或挣扎于低端竞争转向在高价值环节建立技术和竞争优势，提供了可能和可遵循的路径。原有的创新理念和组织方式已无法满足新一轮创新国际化发展的需求，我们亟须探索新的组织方式，并提供可能的政策支持，以加快获得国际创新红利。

（二）重点破解阻碍国际创新资源与中国创新对接的障碍

一是要强化知识产权保护，探索建立知识产权第三方担保机制，支持国内创新相对活跃的城市率先优化知识产权环境，打消国外中小科技企业进入中国的知识产权忧虑。二是进一步放宽外籍人士在华工作落户门槛，简化出入境手续，鼓励技术移民，吸引更多人才来华工作。三是对于用于创新对接的跨境资本流动应进一步放宽管制，简化手续。

（三）对推进对接的新组织方式与组织平台给予适当政策支持

一是对以海外研发人员为主要对象的民办科研机构在人才引进、

科技项目、税收等方面给予支持，并帮助研究院布局配套产业化项目和供应链体系。二是对国际化的孵化器给予适当支持，促进其将成果在国内转化。三是对用于对接海外创新资源的各类投资给予税收支持，如可享受国内创投企业享有的对中小高新技术企业投资额的70%可抵扣应纳税所得额的政策，鼓励更多资本参与到创新资源对接中来。

执笔：张永伟

规范股权众筹企业发展的看法与建议

股权众筹是基于互联网、面向大众的公开股权融资方式，是一种新的企业形态，类似上市公司那样从社会募集资本，但公司治理不完善、法律层面缺乏合法性确认、制度层面缺乏相应监管，发展面临困境。股权众筹的快速发展有利于促进构建社会化金融服务体系，也契合了我国当前推动“双创”工作的普惠金融需求。建议调整、修订相关法律法规，解决股权众筹合法性问题，这是其生存的基础和试错的前提；证监会等相关政府部门应改进和完善对股权众筹市场的规制，这是其规范化发展的保障；引导股权众筹企业依托互联网技术，以可负担的成本构建适应性、自律性、相对完善的公司治理体系，提升可持续发展能力和规范化发展水平，这是其可持续成长的根本。

股权众筹是基于互联网、面向大众的公开股权融资方式，是一种新的企业形态，类似上市公司那样从社会募集资本，但在制度层面又缺乏类似于上市公司的监管规则和公司治理准则。公司治理不完善、法律层面缺乏合法性确认、制度层面缺乏相应监管，使得我国的股权众筹企业“野蛮生长”，最终形成自身发展困境。虽然股权众筹这一新的商业模式存在一些问题，仍处于探索阶段，但为促进新经济发展、培育经济发展新动能，在总体风险可控的基础上，应支持创新、允许试错、容忍失败，尽量为股权众筹留出发展空间。在目前阶段，政府应对股权众筹宜采取“放水养鱼”态度，引导其尽快进入规范化发展轨道。

一、股权众筹有利于丰富普惠金融和构建社会化金融服务体系

股权众筹是普惠金融的一种表现形式，特征是公开、小额、大众，逻辑是金融“脱媒”的直接融资，本质是小微金融领域的股权投资和民间融资，工具是互联网平台。

在股权、债权、捐赠和回报等四种主要众筹模式中，股权众筹发展最快、规模最大，也最受业内看好，呈爆发式增长。据清科研究中心数据，中国股权众筹平台从2011年的2家增长到了2015年的141家，其中2015年绝对数量增长最多，有84家平台诞生；2011 ~ 2015年的年均复合增长率为190%，2014年增长率达到了714%；截至2015年底，我国股权众筹平台成功众筹项目数达2338个，其中2015年为1175个，超过之前所有项目之和；股权众筹成功筹资近百亿元，其中2015年为43.74亿元，接近累计股权众筹总金额的50%，约为当年全部众筹金额的44%。

我国股权众筹融资项目以初创期企业为主，投资阶段主要为种子期和初创期；股权众筹企业一般采取有限合伙、代持、契约型基金和公司制等四种组织模式来实现投资人持股及行使股东权利，其中有限合伙是主流模式；成功融资项目数量排名前五的行业依次为移动互联

网、生活旅游、O2O（线上到线下）、社交网络和电子商务，成功融资额排名前五的行业依次为移动互联网、医疗健康、生活旅游、教育培训、新潮硬件。可见，股权众筹较为活跃的领域主要集中在人民生活的刚需部分与“互联网+”相结合的领域。

股权众筹的快速发展源于其有利于促进构建社会化金融服务体系，也契合了我国当前推动“双创”工作的普惠金融需求，其积极作用在于：①通过互联网平台为初创企业和普通投资者构架了直接沟通桥梁，分散了投资者风险，扩大了创业者融资收益，对双方还有弱化信息不对称、降低交易成本、提高交易效率等作用，使普通投资者和小微融资者也可进行较为安全的投融资；②股权众筹成为传统金融的有益补充，促进了小微企业金融服务领域的有效竞合；③股权众筹既是针对投资者的融资行为，也是面向市场的营销行为，还是真实用户的调研行为，创业企业在融资过程中即可获取市场反馈、汇聚大众智慧，使“快速转向、廉价失败”成为可能。

同时，股权众筹企业有其不同于传统企业的独有特点：股权众筹模式打破了“资本雇佣劳动”的传统企业设立流程，众筹项目发起人的“劳动”走在资本之前，呈现出“劳动雇佣资本”的形态。股权众筹规则可以保障创业者大体上按照自己的意愿主导企业发展方向，有利于调动创业者积极性。

股权众筹这一新型的企业组织形式，缓解了创新创业新兴企业融资难等问题。同时，其“劳动雇佣资本”等不同于传统企业的独有特点，其爆发式的发展态势、自发式的发展状态以及有些股权众筹模式模糊了投资消费边界，加上自身融资模式存在的一些天然缺陷和制度环境有待进一步完善，使得股权众筹面临着如何尽快进入规范化发展轨道的问题。其中，最为突出的是股权众筹模式的合法性问题和股权众筹企业的公司治理问题。

二、股权众筹模式面临合法性困境，股权众筹企业存在突出的公司治理问题

一方面，股权众筹有其积极作用、创新意义和社会价值，但在现行制度框架下，股权众筹模式模糊了传统“公募”与“私募”的界限，筹资行为与《公司法》和《证券法》相关规定有所抵触，容易被认定为“非法集资”行为：我国《公司法》规定，“有限责任公司由五十个以下股东出资设立，股份有限公司应当有二人以上二百人以下为发起人”；我国《证券法》规定，“公开发行证券，必须符合法律、行政法规规定的条件，并依法报经国务院证券监督管理机构或者国务院授权的部门核准；未经依法核准，任何单位和个人不得公开发行证券”。而向不特定对象发行证券的，或者向特定对象发行证券累计超过 200 人的，都被认定为是公开发行，需要得到监管部门的批准，否则都将构成非法证券发行活动。股权众筹企业通过互联网平台发行股份，其潜在发行对象是非特定投资者；而对于大多数股权众筹项目，其中小投资者一般都会超过 200 人。因此，股权众筹在现行法律框架下很容易被认定为“公开发行证券”，一旦不经监管部门批准进行发行，很容易被划入非法集资范畴。股权众筹模式与现行法律框架有所抵触，存在明显的法律风险。

另一方面，股权众筹企业由于其固有融资模式导致的公司治理问题也很突出：通过互联网平台实现的股权众筹缺乏严格的投资人甄选过程，投资者进入门槛低、履行职权能力低；同时，股东人数众多、导致股权分散，加上各主体间信息不对称、普通投资人履职能力有限

等特点，使得股权众筹模式极易引发内部人控制或无实际控制人、不设立治理机构或治理机构履职困难等公司治理问题。这些问题又加剧了社会对股权众筹的疑虑和监管层加强管制的倾向，一些保守性规定也因此获得了继续存在的正当性理由。

三、解决股权众筹模式的合法性问题，为股权众筹提供发展空间

股权众筹模式在现行法律制度框架下仍存在一定的合法性问题，主要还不是企业自身的问题，更多的是相关法律滞后于企业实践或有关保守性规定未得到及时调整和修订的问题，是制度变革跟不上企业创新步伐的问题。股权众筹在一个相对公开的平台上开展投融资，募集资金主要用于创新创意成果转化和扩大再生产规模，如果股权众筹的投融资行为规范，就不应将其纳入非法集资范畴。

国外经验表明，及时出台相关法律明确股权众筹的法律地位，进而依法规范股权众筹投融资行为，既有利于降低股权众筹潜藏的各类风险，又有利于促进股权众筹健康发展和稳定金融秩序。如美国JOBS法案的出台，在确立股权众筹合法地位的同时，强化了美国证券交易委员会（SEC）对股权众筹监管的合法性；在严格监管的同时，JOBS法案将“总资产达到1000万美元且股东人数超过500人的企业需向SEC进行注册”的股东人数限制调高至2000人，推动了股权众筹企业在有效监管下的大发展。

我国已明确由证监会监管股权众筹，《股权众筹风险专项整治工作实施方案》等相关政策的出台，标志着我国针对股权众筹发布相关法律法规迈出了第一步。未来更需要出台类似JOBS法案这样更具权

威性、长效性的相关法律法规，从法律层面明确股权众筹的合法性，将股权众筹纳入规范体系，从而推进股权众筹融资的合法化。此外，应根据市场和技术的发展，及时调整或修订相关法律法规当中的一些不合时宜的保守性规定。《公司法》对设立股份有限公司发起人“二人以上二百人以下”的人数限制，主要是为了防止企业未经监管部门同意、擅自变相公开发行股票，防止非法集资引发系统性风险。经济界和法律界普遍认为，股权众筹的单项平均融资规模有限、人均投资额较低，一般由有形资产比重相对较高行业的企业发起，引发系统性风险的可能性不大。建议及时修订《公司法》《证券法》相应条款，不简单化地把股东人数作为判断非法集资的标准。事实上，新三板在这个问题上已经有所突破：2013 年证监会修订了《非上市公众公司监督管理办法》，就“股票向特定对象发行或者转让导致股东累计超过 200 人”的非上市公众公司出台了监管细则，第 38 条明确“本办法施行前股东人数超过 200 人的股份有限公司，符合条件的，可以申请在全国中小企业股份转让系统挂牌公开转让股票、首次公开发行并在证券交易所上市”，意味着对股东累计超过 200 人的股份有限公司实际存在的承认和法律地位的默认。

四、改进和完善政府规制，使得规范化发展成为股权众筹市场的共同预期和行为准则

尽管股权众筹的融资规模有限、风险相对易控，但由于涉及社会公众利益，股权众筹的良性可持续发展，还是需要适当的政策规制。从 2015 年 7 月开始，《关于促进互联网金融健康发展的指导意见》《互联网金融风险专项整治工作实施方案》和《股权众筹风险专项整治工

作实施方案》等政策相继出台，股权众筹市场已经开始有所规范，违规越界势头得到初步遏制，但当前的政府监管也存在一些问题：①专项整治工作联合了15部门力量，综合性、行政化和直接干预特点明显，确实形成了强大合力，但对股权众筹的行业结构、市场格局乃至一些企业命运产生重大影响，后果还需要观察和评估；②重点过于集中在互联网股权融资平台和融资方。股权众筹不仅要规范融资方，也需要规范投资方；不仅要规范融资平台，还要引导交易达成后的股权众筹企业规范化发展。

建议监管部门在已有工作的基础上，加强预研、准备预案，如借鉴发达国家成熟制度，完善股权众筹平台备案机制；探索以投资者适当性制度为核心，包括投资者维权机制和司法救济渠道、投资者教育等在内的股权众筹投资者保护机制；针对股权众筹市场的投资者、融资方和平台这三大参与主体建立信用档案，或将股权众筹业务履约信息纳入企业信用体系之中，并开放股权众筹信用的公共查询，以强化与股权众筹相关的信用体系建设。

总之，“放水养鱼”并不意味着监管层放任不管，而是“规范优先、规制在后”，加强预研、准备预案，为从专项整治转向政策规制做好政策储备，并在合适时机择机出台，使得规范化发展成为股权众筹市场的共同预期和行为准则。

五、引导股权众筹企业依托信息技术，以可负担成本构建适应性、自律性的公司治理体系

在未探索到更优做法之前，股权众筹企业参照上市公司的公司治理模式并根据实际情况有所调整，依托信息技术进步带来的便利，以

可负担的成本构建适应性、自律性、相对完善的公司治理体系，是一种较为合适的选择。这既有助于缓解股权众筹自身的缺陷和问题，反过来也可以一定程度地缓解保守性规定的约束，为解决合法性问题提供基础条件。

证监会可以按照审慎平衡原则，引导和鼓励股权众筹企业根据成本、风险及利益相均衡原则，建立相对规范、以适应性和自律性为主的公司治理体系。主要从机构设置、机制完善两个方面对股权众筹企业的公司治理体系进行规范，基本原则是机构从简、机制从严。

股权众筹企业的治理机构设置可以尽量简化。①借鉴传统上市公司以“三会一层”为主体的相对成熟的治理体系，支持股权众筹企业设立相应机构，以能支撑有效公司治理框架为宜：应有董事会，但应该从简；监事会可以不设；股东会可以主要依托互联网召开。②在考虑公司治理成本的基础上，依托互联网带来的便利，构建相对简单的公司治理流程和制度，依靠视频会议、网络投票等低成本交流沟通方式，定期、按时召开股东大会、董事会等，保障股东参与公司治理、对管理层实施合法监督的权利。③政府监管部门应创造便利条件，如利用荣誉性奖励等支持有足够履责能力和积极性的投资人参与董事会、监事会，代表全体股东履职行权，参与股权众筹公司重大决策、监督管理层经营行为。

强化以信息披露为核心的机制建设，原则是便利投资者监督和不过多增加成本。①要求股权众筹企业建立信息披露机制。股权众筹市场应是一个信息高度透明的充分竞争市场，在均衡信息披露成本和投资者利益保护的基础上，强化对筹资人信息披露的严格要求，如按时定期向投资者披露财务概要和经营业绩、发展目标、治理结构、薪酬政策、关联交易等基本情况；通过临时报告及时、完整披露投资、人事及财务等重大变化事项；同时，建立虚假信息追诉理赔机制和投资者申诉机制。②支持股权众筹企业建立健全决策制度，为董事会发挥决策核心作用提供制度保障、机制设计和组织体系，保证董事会成员有渠道准确、及时获取相关信息，建立、完善董事履职、追责和免责机制。③鼓励股权众筹企业建立外部审计制度，引导股权众筹企业建立健全激励约束机制。

此外，引导股权众筹企业更加关注优化股权结构、缓解股权结构不合理问题。针对股权众筹企业可能存在的发起人与普通投资者之间的信息不对称和内部人控制等问题，鼓励发起人要拥有较大出资和股权比例，鼓励股权众筹企业要有第一大股东和公司实际控制人。建立领投人机制，发挥专业投资人尽职调查、利益相关者向董事会自由表达他们对于非法或不道德行为的关注等监督作用，防范发起人可能的道德风险行为。

执笔：项安波　王　念

信息化推动企业变革的新趋势

以网络化与智能化为特征的现代信息技术突破了传统的时空界限，大幅减少信息不对称问题，有效降低交易成本和管理成本。这些变革深刻地影响到企业的组织结构和行为模式，具体包括：企业战略重视构建生态系统、新兴平台模式组织开始兴起、网络化改变了公司治理方式、研发向开放式创新模式转变、智能制造快速推进、机器替代工人、大众筹资新模式不断创新，企业与用户关系从一次性交易转变为长期合作。中国企业必须抓住信息化带来的发展机遇，创造出世界领先的生产方式和管理模式，提升自己的国际竞争力。

当前，信息化进入到网络化和智能化阶段。网络化不仅体现在人可以移动接入互联网，也体现在物可以移动接入互联网；智能化体现在产品的结构和功能上，越来越多的制造业产品内置包括传感器、处理器、存储器、通信部件和相关软件的智能模块，依托物联网和人工智能技术，让产品具备感知环境变化、自动决策、自我学习的功能。网络化和智能化将对企业的组织和行为产生重大影响。

一、网络化与智能化对经济活动的重要影响

（一）经营活动突破了传统的时空界限

互联网打破了地理空间对商业活动的限制，加快了全球化的步伐。全球开发、全球采购、全球生产、全球销售、全球支付正在逐步变为现实。中国的淘宝、京东为全球消费者采购中国商品提供了便利，阿里旗下的支付宝可以支持18种货币结算，为全球200多个国家和地区的用户提供服务。智能化也打破了时间对商业活动的限制，智能化的产品每天24小时收集收据、处理数据，与厂商平台连接，为用户提供不间断服务。

（二）商业活动的交易成本和企业的管理成本都在大幅下降

交易成本理论认为，企业的存在是市场交易成本与内部组织成本综合比较的结果。数字时代背景下的移动互联在很多程度上降低了交易的信息搜寻成本、交易双方的谈判成本、交易实现的支付成本等；而信息技术在企业内部的运用则降低了企业内部的生产运营成本、协调控制成本。这就要求企业决策者深入比较各种成本的优化程度，重新思考企业的边界。

（三）传统的信息不对称问题大幅减少

从市场角度来看，社交平台和物联网极大地提高了信息透明程度，信息的获取和传播速度日益加快；企业能够非常快捷、便利、低成本地获取各种信息，譬如说产品成本结构、竞争对手的价格变动、用户的需求趋势等。在这种情况下，企业能否获取超额利润取决于企业能

否更好地识别并满足用户的实际需求。从企业内部管理角度来看，信息不对称问题的解决有助于更好地提高生产运营效率，提高企业和用户的实时互动，为用户提供及时周到的运营服务，降低企业的组织层级和协调沟通成本。

总的来看，网络化和智能化将有助于优化全社会层面的资源配置，提高资源的利用效率和效用。

二、企业变革新趋势

信息技术改变了企业内部条件和企业外部环境，企业内部活动和企业间的关系都发生了巨大变化，企业从结构到行为都出现新趋势，主要体现在以下八个方面。

（一）战略：重视构建生态系统

商业生态系统是指与企业相互关联的、动态的各类组织（包括供应商、销售商、客户、竞争对手、科研机构等相关利益者）形成的经济联合体。每个生态系统的开放程度、共享程度和联结程度不同。传统的生态系统网络包括类似丰田汽车的生产供应系统、TD-SCDMA 构建的 4G 通信生态系统等。

互联网时代的商业竞争，越来越多地表现为整个生态系统之间的竞争，大企业在不断扩张自己的平台、提升垄断性的同时，必须保持简化，并借助更多的外部延伸支撑来确保平台的有效性和用户黏性。移动互联技术的应用有助于每一企业都可以构建自己的商业生态系统，因为网络化和智能化进一步降低了企业构造生态系统的沟通成本、运营成本、管理成本。譬如，2008 年 7 月苹果推出了革命性的 App

Store，iPhone 用户可以通过它来购买游戏和应用。App Store 产生的收入由苹果和应用开发者三七分成，从而打造出软硬件相结合的生态系统。国内的企业纷纷效仿苹果公司的生态系统战略。乐视集团将建设由手机、汽车、电视共同组合而成的自有生态系统。小米公司在积极地围绕手机展开生态布局，一方面丰富音视频、游戏、阅读等多项内容，另一方面布局智能家居、移动电商，此外还对内容制作及移动互联网服务展开投资。

（二）组织：平台模式兴起

在产业层面，平台架构成为网络化与智能化趋势下的一种新兴组织模式。平台战略是指连接两个以上的特定群体，为他们提供互动交流机制，满足所有群体的需求，并从中赢利的商业模式。在信息技术的推动下，网络化和智能化能帮助整个产业内的企业实现网状对接，消除信息不对称，突破时空界限，这样产业链上的诸多企业可以比较容易地在产业平台上进行信息沟通和共享、交易谈判与达成、合作机会探讨与实施等。

在企业层面，未来越来越多的企业将依据网络化和智能化对自身的组织架构进行调整，更多地采用“大平台 + 小前端”的组织设计，这样既可以保证规模效应，又能够满足多样化的顾客需求，在企业的集权和分权、规模与个性化之间达到一个平衡。

互联网和云计算可以帮助企业在内部构建一个后端云平台（管理或服务平台 + 业务平台）去支持前端的灵活创新，并以“内部多个小前端”去实现与“外部多种个性化需求”的有效对接。这种“大平台 + 小前端”的结构，已成为很多企业组织变革的“原型”结构。譬如，7 天酒店用 IT 把流程锁定，使得销售、服务、采购、财务等很多流程都通过标准化的方式去实施，在此基础上，再实施给店长赋权的“放羊式管理”，最终，7天酒店做到了可以让分店店长自主决定几乎所有的事情：分店预算、经营指标、用人等。类似地，网上服装品牌韩都衣舍，每年可以发布近几万个自有品牌的新款服装，极大地考验着它的应变能力。为此，它在内部实行了鼓励员工自动自发创新的买手小组制，成立了数百个买手小组。买手小组独立核算且完全透明，拥有很大的自主权，比如公司只会规定最低定价，而起订量、定价、生产数量、促销政策等，则全部由买手小组自己决定。

海尔对整个供应链，包括生产、制造、物流、采购等各环节都已进行转型，由传统串联的科层组织变成了共同面向用户的一个个小微，从原来封闭的正三角组织变成了创业平台。这样整个企业组织转型成一个平台型的企业：流程方面从串联到并联。原来信息通过串联的组织一步步传递，周期长；现在实时用户的信息可以同步传递到海尔的设计资源、模块商资源、物流资源以及全流程的小微，大家事先参与交互，通过提供引领的解决方案，实现各方利益的最大化。

（三）公司治理：网络化治理开始出现

传统的公司治理是垂直的、线性的；更多地依靠董事会从上而下进行监管；小股东参与公司治理、影响管理层决策的可能性比较低。而移动互联的出现促使企业内部的信息能够以极低的成本迅速到达每个小股东手中，大股东与中小股东的信息不对称大大降低，提高了小股东参与决策的可能性。譬如，现在所有股东可以在网络上进行投票，实现网络化治理。

另一方面，移动互联的网络化和智能化催生了网上股东社群的出现，原来不参与治理的小股东，没有能力、没有成本的参与者，现在都有机会参与了；而且社群，作为外部主体积极参与治理；新媒体、自媒体也积极影响治理。交互在线、实时、不受地域限制的移动互联特征推动了公司治理的“现代化”。

现代公司治理利用移动互联时代的技术，可以降低利益相关者，包括中小股东参与公司治理的治理成本。这个变化是革命性的，而且这方面的变化又带来了投资者关系管理的新机会和新问题。

（四）研发：开放式创新

在网络化与智能化的大趋势下，企业的研发管理也发生很多变化。越来越多的科技型企业打破传统的内部研发模式，跨越组织边界，开始更多地利用和整合外部的社会力量来进行创新（Chesbrough, 1997）。

1. 用户参与创新程度提高

企业利用互联网与终端用户直接建立起沟通平台；在这个平台上，终端用户可以对企业的新产品 / 新服务提出自己的设想和改进方案，反馈自己使用产品 / 服务的心得体会。研发部门可以直接获得这些建议和反馈，对产品进行迭代创新，不断创新产品或提高产品的质量。譬如，小米手机创建了自己的用户论坛，这些用户被称为“米粉”；米粉可以决定产品的创新方向或是功能的增减。他们还可以参与调研、产品开发、产品测试、营销传播公关等活动。这种参与感和被尊重感提升了小米手机客户群的黏度，同时也提升了小米手机的创新能力。

有些企业甚至让用户直接来决定推出新产品的名单。王振波在浙江省桐乡市经营一家羊毛衫工厂，2014 年以前是传统加工工厂模式，杉杉、报喜鸟等知名品牌都是他们的大客户。而在 2015 年，工厂彻底完成转型，只针对淘宝、天猫网红店铺，放弃上述知名品牌的订单。王振波提到转型前后生产模式发生的显著变革，“过去传统品牌拍拍脑袋想出来几个版型，图纸交给我们去做，消费者必须从里面选择购买，不管是否喜欢。”“现在，网红店铺设计初样给我们完善，会从粉丝里调查，去预售让大家点赞，好的投产，不好的枪毙掉。消费者体验肯定更好。比如，一件风衣，根据风格设计 10 ~ 20 款，店家会综合粉丝意见挑出 3 款。”尝到了甜头，王振波未来的目标是做成“前店后厂”的模式，深化整合供应链，实现产品生产、定制设计、仓储物流全包含。现在已经服务了 300 多家淘宝、天猫店铺。“产品质量只会越做越好，消费者要求蛮高的，不然就退换货，必须保持优质产品。”王振波说，“我感觉我们工厂不叫加工企业，应该是服务企业；表面上服务淘宝店铺，最终服务消费者。毕竟大家认可产品才会消费。”

2. 利用社会公众力量进行创新

基于互联互通的基础设施，企业不仅仅可以利用自己的直接客户群体进行创新，还可以从社会层面征集创新思路、设计方案和解决之道。常用的利用社会大众创新的方式包括如下几种。

大众竞赛：譬如，2012 年秋天，默克制药公司（Merck）与 Kaggle（一家预测分析众包网站）携手简化药物发现过程。为了识别化学药品对特定疾病的有效性，当时的标准过程是对成千上万种化合物一一测试，检测它们对所有潜在疾病机制的有效性，这一做法的效益很低。为此，默克公司设立了一场为期 8 周的比赛，悬赏 4 万美元。它公布了此前测试过的化学化合物的数据，要求参赛者从中识别出最有希望进行下一步测试的化合物。该竞赛吸引了 238 支队伍参赛，收到 2500 多份提案。最终胜出者出自计算机科学家，而非生命科学专家之手，他们采用的是默克公司不熟悉的机器学习法，默克公司目前正在应用这一解决方案。这样的众包成果显著，令人惊叹，足以登上《纽约时报》的头条。

大众协作社区：1998 年 6 月，IBM 宣布了一个震惊全球软件业的消息，它打算放弃在网络服务器基础设施领域的内部开发工作，转而与新兴的在线社区 Apache 合作。Apache 聚集了一群网站管理员和技术专家，他们可以集思广益，开发出多元化产品，并且具备将其迅速转化为功能齐全的免费产品的能力，任何商业产品都无法与之相媲美。两年后，IBM 推出一项耗资 10 亿美元的 3 年计划，旨在支持 Linux 的开源操作系统，并投入 700 多名工程师与数以百计的开源社区共同开发一系列软件产品。

大众互补者：大众互补者是指企业将商品或服务市场建立在公司的核心产品或技术之上，并将产品有效地转化为刺激互补创新的平台。比如 iTunes 围绕着苹果的核心移动产品（包括 iPod、iPhone 和 iPad）开展创新。分布在世界各地的开发人员借助 iTunes 的平台，创建出了惊人数量的互补创新，比如软件应用和用户原创播客。

3. 构建互联网研发平台，整合全球范围内的研发团队，24 小时全天候进行研发工作

互联网时代到来之前，研发平台往往是指单一的研发中心，或院校、政府、企业等多方共同合作构建的研发机构或研发团队。信息化带来的快速性、即时性以及便利性，催生出互联网研发平台，实现研发边界开放化、研发成员国际化、研发过程交互化、成果传播高速化。

譬如，海尔公司于 2013 年 10 月上线“海尔开放创新平台”，该平台整合全球资源与创意，与世界各地的研发机构和个人进行合作，提供前沿的科技信息与创新方案/成果。截至2016年底，该平台已形成1882个技术方案，累计孵化220个创新项目。其中2015年推出的海尔空气魔方产品就是基于该平台组成的8个国家的专家和学者共计128人，经过6个月周期与全球近1000万不同类型的用户交换意见，并利用大数据分析最终研发生产上市。

构建互联网研发平台不但能够突破时间、地域和组织边界的约束，全面整合世界各地研发团队或个人的想法与资源；还能降低传统研发平台建设中高昂的基础设施建设成本和维护成本；同时，互联网广泛、便捷和快速的信息传递特征能够实现24小时全天候进行研发工作，促使研发活动持续不断地进行，提高互联网研发平台的效率。

（五）生产：智能制造快速推进

在工业生产领域，网络化和智能化将极大地提高制造系统的柔性化、自动化和智能化水平，使整个生产系统具有更完善的判断与适应能力，提升现代制造业的工艺水平和技术。这种变革使传统的自动化控制系统和装备生产转向数字化、智能化、网络化，工业产品的智能化水平、信息技术含量和附加值将会不断提高。

过去企业的各个生产流程或者生产制造与消费者之间都存在一定程度的信息隔离。通过收集各个阶段的数据，利用企业自身研发或者购买的辅助系统，使用相应的算法，将抽象的顾客需求或者没有深层含义的检测数据反馈给制造方、工厂，实现信息互联。其实大数据对生产制造的帮助我们还可以想象更多，到未来智能制造技术成熟时，只要获得相应的专门生产材料，再通过捕捉到的大数据需求，工厂就可以像打印机一样随时、直接地生产出零件甚至产品。到时生产厂房会变成一个拥有不同型号的“打印机”厂房，生产可能变成一件十分简单的事，而制造业的核心竞争力可能来源于品牌、原料和对大数据的捕捉、分析、应用。

譬如，海尔的智能互联工厂旨在将业务模式由大规模制造颠覆为大规模定制，打造“U+”智慧生活平台，对外企业从生产产品硬件到提供智慧解决方案转型；对内整合用户碎片化需求，通过互联工厂实现个性化定制。例如，海尔最近推出的一款天铂空调，就是通过用户众创的方式产生的。用户在网上提出创意，希望空调能达到这样一个效果，最后吸引了1700多个用户参与投票，并形成了天铂空调方案；通过虚拟设计系统、制造系统等能够支持用户创意方案快速变成产品模型，并测试到最后生产出来。这款产品已在2015年家博会上发布，已经有近万名的用户来咨询、预约，实现了用户追捧。

（六）人力资源：机器替代工人

移动互联下的智能化将对企业的人力资源管理带来革命性的挑战；人工智能的应用将会导致700多种职业在未来被机器人替代。因此，企业需要思考的是，哪些工作岗位可以通过机器来实现以及人工智能在未来给企业带来的机遇与挑战。

譬如，浙江今朝智能装备有限公司研发生产的自动落纱机器人在精准、高效的操作落纱工作的同时，还解决了全球纺织业的一个大难题——纺织厂的落纱工人因长期重复一个动作，极易出现的指关节变形，且长期变形最终会导致工人失去手指灵活性和正常功能。今朝智能研发的这款机器人在操作水平和工作效率方面填补了全国乃至全球的空白。目前已获得多项技术专利，并得到了美国高端自动化材料处理机器人研发公司Ascend的认可和合作。

人工智能的出现，特别是机器人的出现，能够帮助企业提升人才投入产出比、完善人才管理体制、减少人才培养成本、降低部分职业病发生的概率。但是，在机器取代工人的同时，企业需要面临新的挑战：譬如现阶段机器人的使用和维护成本过高、智能化机器人应用型人才缺失、社会的总体就业问题、相关法律伦理的模糊等。

（七）融资：正在探索大众筹资新模式

数字时代的网络化，一方面可以将资金供需双方进行直接的对接，克服信息不对称问题；另一方面可以将社会大众的闲散资金在短时间内进行快速集聚，满足融资需求。而智能化则能够帮助资金供给方有效评估贷款人的信用资质、运营状况、还贷能力，防止对方出现机会主义倾向。

P2P 金融指个人与个人间的小额借贷交易，一般需要借助电子商务专业网络平台帮助借贷双方确立借贷关系并完成相关交易手续。借款者可自行发布借款信息，包括金额、利息、还款方式和时间，自行决定借出金额实现自助式借款。2015 年全国 P2P 网贷成交额突破万亿，达到 11805.65 亿，同比增长 258.62%；历史累计成交额 16312.15 亿元（注：第一网贷（深圳钱诚）发布的《2015 年 12 月份湖南 P2P 网贷指数情况快报》）。

现代众筹指通过互联网方式发布筹款项目并募集资金。相对于传统的融资方式，众筹更为开放，能否获得资金也不再是由项目的商业价值作为唯一标准。只要是大众喜欢的项目，都可以通过众筹方式获得项目启动的第一笔资金，为更多小本经营或创作的人提供了无限的可能。

（八）用户关系：从一次性交易到长期合作

传统的用户关系是一次性交易行为：用户付费购买企业提供的产品或服务，交易结束后企业与用户之间互动基本中断，企业很难快速、有效地获得用户使用产品或服务的反馈意见。而信息化带来的移动互联和智能化能够帮助企业与用户之间在交易之后建立起持续互动沟通的桥梁，从过去的一次性交易逐渐转变为长期合作，从纯粹的产品所有权一次性转让变为后续一系列服务的提供。

譬如，亚马逊公司最初只是一家网上书店，顾客付费购买书籍，物流配送收货后则交易完成。随着信息化的发展，亚马逊公司在线上推出 Kindle 阅读器，可以为用户提供阅读电子书、报纸、杂志、博客以及其他电子媒体的服务。对顾客来说，购买了 Kindle 意味着今后将持续不断地从亚马逊公司购买电子书、最新的杂志与报纸、付费的博客内容等产品。同时顾客对购买内容的偏好和口碑等信息也能成为基础数据反馈给亚马逊，使亚马逊可以及时、精准地掌握潜在客户和实际客户的需求信息，建立与客户相关的大数据库，实施精准营销和服务，有效进行电子书的推广和销售。

苹果公司推出 App Store 与 iTunes 软件之后，不仅能够实现 iPhone、iPad 以及 Mac 等硬件产品的销售，而且借助信息化实现音乐、图片、视频、软件、升级系统等产品或服务的提供，产生用户黏性。

另外，网络化和智能化帮助企业更好地挖掘用户需求，并及时、准确地给予满足，实现良好的售后服务。劳斯莱斯利用大数据存储和传输技术，重新利用以前没有充分利用的传感器记录的震动、热力等数据用于飞机引擎的性能测试，借助分析模型，预测引擎的哪个零部件即将发生故障，并因此发展处售后服务业务——监控飞机引擎质量，及时提供零部件维修和替换。通过提供有保障的售后服务，企业可以提高品牌声誉和产品价值，对维护用户关系起到积极作用。

以上八个维度是网络化和智能化带来的管理变革新趋势，多数还处于探索之中。中国经济要重新回到世界领导地位，中国企业也必须借助网络化和信息化带来的巨大机遇，创造出世界领先的生产方式和管理模式。

执笔：吴剑峰

抓住智能化发展机遇，促进企业转型升级

产品智能化的浪潮正扑面而来，越来越多的制造业产品将内置包括传感器、处理器、存储器、通信部件和相关软件的智能模块，依托物联网和人工智能技术，让产品具备感知环境变化、自动决策、自我学习的功能。智能化将导致传统制造业向信息产业的特性靠近，一定程度上表现出显著规模经济和强大网络效应的特点。智能化将对企业产生深远的影响，包括：产品从硬件为主转变为软硬并重；企业与用户关系从一次性交易转变为长期服务；大数据成为企业重要资源；企业之间的竞争演变为产业生态圈的竞争。智能化革命为我国企业转型升级提供了巨大机遇，需要积极应对，一是积极推进人力资源结构转型，二是加快信息基础设施建设，三是继续支持我国芯片产业和核心软件发展，四是加强信息安全的监管，五是完善智能产品使用的技术标准和相关法规。

产品智能化的浪潮正扑面而来，越来越多的制造业产品将内置包括传感器、处理器、存储器、通信部件和相关软件的智能模块，依托物联网和人工智能技术，让产品具备感知环境变化、自动决策、自我

学习的功能，更好满足用户需求。产品智能化不仅改变企业的产品功能，而且还将推动产业变革，为企业转型升级带来巨大机遇。

一、产品智能化的发展趋势

（一）技术驱动产品智能化快速发展

半导体技术的进步为产品智能化奠定技术基础。沿着摩尔定律描述的发展规律，传感器、微处理器、存储器等智能系统的关键部件的性能快速提升，并朝着集成化、微型化的方向发展。同时，智能产品的广泛应用，相关芯片的生产规模迅速扩大，成本快速下降。例如，普通家电的简单智能控制模块，达到一定规模以后，硬件成本可以下降到几美元的水平，为智能化普及创造了条件。

互联网和物联网的发展加快了产品智能化的进程。互联网延伸到具有感知、处理和通信功能的智能物品，将智能物品也纳入到互联网中，形成物联网。第三代和第四代移动通信将人类带入了移动互联网时代，即将启动的第五代移动通信支持增强型移动宽带、海量机器类通信和高可靠低时延通信三大类应用场景，无疑会将人类带入移动物联网时代。另外，云计算技术和设施快速发展，云管端的协同进一步提升了智能化发展的潜力。

人工智能的发展为产品智能化提供了强大的动力。随着机器学习的快速发展，人工智能蕴含的无限潜力开始释放。借助计算机视觉、智能语音处理、生物特征识别、自然语言理解、智能决策控制以及新型人机交互等技术，人工智能通过模拟人类思维模式实现对外界信息理解；并通过语音、视觉等实现与外界沟通；通过行动控制实现人机协同工作；通过自我学习不断提升处理复杂问题能力。随着人工智能技术的应用，产品的智能水平未来将实现飞跃式发展。

（二）需求拉动产品智能化快速发展

个性化、多样化的消费逐渐成为主流，增强了对产品智能化的需求。工业时代，个性化定制的成本太高，无法充分满足消费者多样化的需求。信息时代，智能化不仅大幅降低了个性化定制的成本，还使得产品在使用和服务环节为用户提供了无穷的选择，个性化、多样化需求逐步成为消费的主流。

购买服务代替购买产品，为智能产品提供了更多的市场机会。用户购买产品并非真正需要物理产品本身，而是需要物理产品所提供的服务。智能产品不仅可以更好地服务用户，还可以更好地获取厂家的支持，不断改进产品以及产品承载的服务，因此，用户将更加愿意购买智能化产品提供的服务。

二、产品智能化为企业创新提供巨大机遇

互联网的发展已经对企业产生了巨大的影响，智能化是信息化发展中继互联网之后的又一波重大技术浪潮，预计将对企业产生更加深远的影响，也为企业创新提供巨大机遇。

（一）产品从硬件为主转变为软硬并重

软件定义功能成为未来产品的方向。未来的智能产品主要由物理部件和智能部件组成，物理部件为传统的机械部分，智能部件为新增的由传感器、处理器、储存器、通信部件和软件组成的模块。智能部件可以感知物理部件的工作环境和工作状态，可以根据用户的习惯调

整物理部件的最佳工作方式，可以通过网络接受厂商的服务支持，未来还可以自我学习。从发展趋势看，软件将控制物理部件的运行，决定物理部件功能。从手机的发展历史可以感知该趋势，手机已经从过去的电话发展为当前的智能终端，对于智能手机而言，硬件只是一个平台，直接为用户提供服务的是手机操作系统和各种应用软件。

随着智能部件占产品的价值比重越来越大，制造业的性质也将发生重大变化。一是成本结构发生重大变化，传统工业制成品的特点是原材料占产品比重高，边际成本成为决定价格的主要因素，而信息产品具有“高固定成本、低边际成本”的特征，规模经济的效应非常突出。二是智能产品开始具备网络效应。传统工业企业容易形成细分市场，形成差异化竞争，而智能产品在一定程度上具备软件业的网络效应即需求方规模经济，容易导致“强者恒强、赢者通吃”的产业特征。产业特性的变化无疑将对企业竞争产生巨大的影响。

（二）企业与用户关系从一次性交易转变为长期服务

在传统的工业时代，企业通过市场卖出产品，企业与用户之间只存在简单的服务关系，如产品质量保修等。产品智能化将企业与用户从一次性交易关系转变为长期服务关系，用户的产品通过网络始终与企业的服务器相联，在技术上称为端与云的关系。企业为用户提供全生命周期的服务，包括远程计算和存储、远程诊断、远程升级等。许多制造业产品特别是机械设备、耐用消费品等，不再是“一次定型”的产品，而是在网络支持下“不断进化”的产品，以生产厂家为核心的后台服务网络是产品能力和生命力的重要支撑。用户的消费行为发生了重大变化，从主要关注产品的质量转变为关注产品的全生命周期服务。

厂家与用户关系的变化推动商业模式的创新。越来越多的厂商从卖产品向卖服务转变，或者卖产品与卖服务并重，比如免费送产品但按全生命周期收取服务费，或者采用设备租赁方式代替产品出售方式。同时，鼓励用户参与，如用户提出需求，厂家利用智能制造系统生产个性化产品；用户在使用过程中提出产品改进意见，厂家不断更新软件提高产品性能。厂商的商业模式从关注硬件的“长周期质量”向软件和服务的“快速迭代”转变，过去主要围绕产品生命周期的质量开展研发和生产，以更好地满足用户需求，未来厂商在重视产品质量的基础上还要更加关注快速锁定用户，通过与用户互动实现产品“快速迭代”，依靠持续升级软件来响应用户不断变化的需求。因此，产品的价值逐步下降，服务的价值逐步上升，卖产品向卖服务转变成为新的趋势。

（三）大数据成为企业重要资源

智能化产品在制造和使用过程中产生了大数据。例如，海尔正在运行的空调智能制造生产线上有 1.2 万个传感器，每秒钟采集 1.5 万条信息，每天产生 3.2G 的数据。对用户来说，每一笔订单实时可视，对工厂来说，每个生产环节都实时监控、提前预警、记录在案。再如，不同地区海尔空调用户的使用习惯、使用方式、设备健康状况等数据，都通过网络进入了海尔的服务器，为厂家优化服务提供了重要信息。

大数据成为企业重要的资源。从用户端获取的数据可以挖掘用户的潜在需求和分析产品的优缺点，为企业优化产品设计、提高产品品质提供持续改进的方向，为引入新的服务提供重要线索。从制造中获取的数据，可以记录产品的制造过程，这些数据与产品使用数据相关联，可以分析出最佳制造模式，优化制造过程。大数据分析可以完善智能制造的相关参数，从而最大限度地减少人为因素的干扰，减少对专业技工的依赖，进一步加速“机器替人”的进程。

（四）企业之间的竞争演变为产业生态圈的竞争

产品智能化为丰富用户服务打开了无穷的空间，进而形成了巨大的产业生态圈。从用户端看，智能产品将产生大量的服务，如国内一家机床企业开发出智能机床后，编程服务成为新的业务；国外一家企业在网球拍内置智能模块后，利用球手运动的数据提高球手训练水平成为新的业务。从企业端看，智能平台上可以搭载各种形式的应用，为用户提供差异化服务。由此，用户选择产品时考虑的因素将从产品提供商扩展到产业生态圈，参与服务企业的数量越多、实力越强，用户获得的服务质量和种类越多，在市场竞争中就越容易获得优势。

在智能产品的完整生态圈中，企业大致可以分为四类：零部件企业、整机企业、信息平台企业、应用服务企业。其中，信息平台企业将在多数产业链中占据主导地位，因为该类企业拥有用户和产品的信息优势，这些数据资源可以转化为技术创新和市场份额。一些大型的制造企业都在建立自己的信息平台，如华为建立了面向手机用户的云服务平台，海尔建立了面向家电用户的云服务平台。最为雄心勃勃的企业是全球制造业龙头企业通用电气，该公司正在为工业互联网打造开放的 Predix 平台，为接入设备提供安全监控、工业数据管理、工业数据分析、云技术应用等四大类服务。

三、积极应对智能化发展趋势

虽然智能化还处于初级阶段，只在信息产品、高档耐用消费品和高端装备上得到应用，智能化的水平也比较低，但正在进入快速普及阶段，全球一些领先制造业企业开始行动起来，力图在新的竞争格局中占据有利地位。对于我国企业而言，智能化革命也提供了难得的发展机遇，如果应对得当，我国企业有可能借助智能化革命提升在新的产业生态中的影响力。为此，我们要提前准备，积极应对，为企业的智能化发展创造有利条件。

（一）积极推进人力资源结构转型

技术进步带来的产业结构和就业结构变化，在经济发展史上并不鲜见，但智能化发展的速度尤其迅猛，社会可能没有足够的时间来完成就业结构的顺畅转变。如自动驾驶技术可能在未来 5 年开始商用，未来十年基本成熟，未来二十年大量普及，中国上千万专职司机面临转岗的压力。我国广东、浙江等省已经形成机器换人的热潮，据浙江省统计，2012 ~ 2015 年的三年时间里，全省“机器换人”减少普通用工约 195 万人。花旗银行和牛津大学预测，未来流程化的工作都可能被智能设备代替，中国 77% 的工作都有被智能设备代替的可能。同时，智能化也将产生新的劳动需求，主要是复杂技能和创造性的工作岗位。对于制造业企业而言，从事设计、软件、数据处理等工作的岗位需求快速增长，如全球制造业龙头企业通用电气、博世、西门子等都正在将软件业务作为当前发展的重点。要应对就业结构的快速变化，需要加大人力资源转型的投资。首先要高度重视智能化对就业结构的重大影响，提前做好人力资源转型的规划。以此为基础，加快调整学历教育和职业培训的结构，大力鼓励企业开展内部培训，多种渠道培养智能化急需的人才，帮助失业人员转变工作技能。

（二）加快信息基础设施建设

产品智能化对信息基础设施提出了更迫切的要求。据统计，截至2014年底，全球M2M（Machine to Machine）连接数达到2.43亿，同比增长29%，M2M连接数占移动连接数的比例从2013年的2.8%提高到2014年的3.3%，预计未来增速还会继续加快。BIIntelligence预计到2018年物联网连接设备数量将超过PC、平板电脑与智能手机存量的总和。为了继续支持智能设备的发展，首先要加快基础网络设施的建设，包括新一代通信网络、云计算中心等，其中应重点规划好下一代移动通信的部署，特别要解决频率资源的高效利用问题，力争在全球率先实现商用。其次要进一步强化物联网标准的建设，重点依靠产学研合作的产业联盟，在通用标准的基础上，大力推进重点应用领域标准研制，在全球技术标准竞争中形成先发优势。

（三）继续支持我国芯片产业和核心软件发展

我国芯片产业和核心软件长期处于依赖国外的不利局面，是智能化发展的薄弱环节，不仅影响中下游发展，还难以保障系统的安全。在国内市场巨大需求的牵引下和国家政策的大力支持下，芯片产业已经取得重要进展，如2015年我国已有9家芯片设计公司进入全球50强，中芯国际已经进入晶圆代工世界前五并向前三进军。国家还要继续在资本、技术研发、人才培养等方面继续加大支持力度，引导企业、研究机构、高等院校开展协同攻关，突破核心软件和零部件的技术瓶颈。

（四）加强信息安全的监管

智能产品依赖于互联网，为外部入侵提供了机会，全球任何角落的互联网使用者都可能对智能产品实施控制，因此信息安全程度已经成为影响智能化发展的关键条件。信息安全要靠技术、管理和法律共同保障，除了企业和用户加强防护措施之外，有关部门需要根据智能化发展中出现的新问题不断完善法律法规和技术标准，加强国际合作，依靠法律的力量为产品智能化应用保驾护航。

（五）完善智能产品使用的技术标准和相关法规

首先，要对一些安全性要求较高的智能产品制定技术标准，比如自动驾驶汽车、无人机、家政服务机器人等，为这些产品进入市场创造条件。其次，要完善法规划分智能产品使用中出现事故的相关方责任。智能产品自身具有决策能力和学习能力，使用中又受到厂商和用户的影响，责任难以划分。相关法规需要与时俱进地改进，解决技术进步带来的新问题。

执笔：马　骏　王晓明

互联网企业合并频发的原因、影响与对策

近年来我国互联网细分业务市场上，领军企业间的合并频频发生，主要表现为同一细分市场内的横向合并，其动因主要有三：追求规模经济和网络效应是企业合并的内在动力，投资方为规避风险与提升估值推动企业合并，企业实施产业链布局提高企业竞争力。细分市场内领军企业间的合并带来三方面的影响：一是形成了竞争力强大的互联网企业，二是削弱细分业务市场的竞争程度，三是细分市场形成了一定的支配力量，容易出现滥用市场支配地位现象。建议按照遵循产业发展规律和营造公平竞争环境的原则，对互联网企业间合并的事前申报原则上予以通过审查，并建立快速从简原则，同时加强对互联网市场竞争情况的跟踪评估，严厉查处企业合并后滥用市场支配地位限制或排除市场竞争的行为，另外，统筹制定面向“互联网+”的监管规则，促进线上线下企业之间的公平竞争。

近年来，我国互联网行业高速发展，业务应用创新空前活跃，产业融合步伐显著加快，成为新经济的重要组成部分和推动传统经济转型升级的重要力量。与此同时，互联网细分业务市场上，领军企业间

的合并频频发生，引发社会高度关注，带来是否涉嫌垄断市场、排挤竞争和抑制创新等方面的担忧。

一、当前互联网企业合并的主要特点

近期，我国互联网企业的合并案例呈现出四大特点。

（一）从业务范围看，以同一个业务细分领域内龙头企业间的横向合并为主，线上线下纵向延伸为辅

2015 年初至今，众多互联网业务细分领域纷纷由“群雄逐鹿”走向领军企业“合并同类项”。如交通出行领域，市场份额最大的滴滴公司继 2015 年 2 月合并快的打车后，2016 年 8 月又宣布合并优步中国；在线旅游领域，领先者携程网 2015 年 5 月合并艺龙网之后，当年 10 月又合并去哪儿网；网络团购领域，领先者美团网与大众点评网合并；网络婚恋领域，领先者百合网与世纪佳缘网合并。此外，线上线下延伸布局成为新方向，如万达集团全资收购电影门户网站时光网，完善电影生态圈；阿里巴巴重金收购在线视频领军企业优酷土豆集团等，布局传媒娱乐产业，等等。

（二）从参与主体看，以境内非上市企业间合并为主，同时还波及我国在境外上市企业

互联网领域具有高风险、高回报特点，是天使资本、风险资本、产业资本等青睐的热点领域。这一波合并潮中，主力是在境内注册运营但还未上市的企业，如滴滴、美团、蘑菇街等，它们在一轮又一轮的外部融资支持下，通过合并来不断提升用户规模和市场份额。而对

于在国内运营又通过VIE架构在境外上市的企业，因受限于我国互联网信息服务领域外资准入制度要求，则通过境外上市公司之间完成交易，如2014年百度通过注册在英属维京群岛的上市公司，收购注册在开曼群岛的糯米控股公司；2015年阿里巴巴集团宣布40亿美元收购优酷土豆，双方均通过注册于开曼群岛的上市公司完成交易。

（三）从企业年龄看，以2005年前后注册成立的互联网企业为主，最近几年成立的新兴企业为辅

从企业成长轨迹看，加入这一波合并浪潮的企业，集中成立于固定互联网主导的2005年前后，包括58同城、赶集网、优酷土豆、去哪儿、百合网等，这批企业历经十余年厮杀，终于成为各业务细分领域领军者，即便如此，仍处于盈亏边缘，如何持续盈利仍是待解难题。进入移动互联网时代后，一批新生企业如2012年新成立的滴滴打车、快的打车和优步，2011年成立的垂直电商蘑菇街、美丽说等，为提升市场份额，尽快突出重围，彼此之间的份额竞争异常激烈。

（四）从合并后运营模式看，以双品牌共存运营居多，但对于新兴领域则快速向单一品牌运营过渡

近期合并案例中，当双方主体规模相当，拥有自己品牌、声誉和客户群体时，合并后抛弃任一方品牌都会引发用户群和市场丢失，所以往往都采取双品牌共存战略，很少采取品牌整合、业务线归并等动作。以58同城和赶集网、携程和去哪儿网、美团和大众点评、百合网和世纪佳缘等为例，合并至今，各家的网站、品牌等在市场上仍然相对分立运营。但在最近几年刚兴起的细分领域，参与合并双方的品牌影响力往往并不强，如网约车领域，滴滴与快的在2015年合并后，

主推滴滴网约车，快的的品牌影响力则加速消失。

二、当前互联网企业合并案激增的主要原因

合并是企业实现优化资源配置、加快规模扩张和打造竞争优势的有效途径。从上述多起互联网合并案例看，其主要动因包括以下三点。

（一）追求规模经济和网络效应是企业合并的内在动力

互联网企业间的合并可以节省成本，获取规模经济的好处，但影响更大的是互联网业务的网络效应，用户越多的企业对潜在客户的吸引力就越强，“滚雪球”效应使互联网领域极易形成“强者更强、赢者通吃”局面。从统计数据看，各业务领域中第一名大都占据 70% 以上市场份额，第二名仅占据 20% 份额，剩余 10% 的份额由多家小企业分食，这一法则已在搜索引擎、社交网络、电子商务等领域得到广泛验证。细分领域领先企业间的强强合并，可以尽快形成“赢者通吃”局面，分享市场主导者的收益。

（二）投资方为规避风险与提升估值推动企业合并

互联网企业都是在风险资本推动下快速发展起来的，2015 年下半年以来，资本市场进入寒冬，企业估值显著下降。一些投资者意识到，领先企业间为争夺用户份额，采取大规模补贴烧钱的策略并非长远之计，对于竞争双方的损耗都很大，难以持续。要防止“两败俱伤”，避免耗费时间成本和机会成本，实现投资套现和提高企业估值，推动竞争双方合并走出博弈困境是一条捷径。多数企业间的合并，如滴滴

与快的、58同城与赶集网、美团与大众点评、携程与去哪儿的合并，都是由投资方在背后策划磋商和推动实施的。

（三）实施产业链布局提高企业竞争力

互联网领域创新活跃，颠覆性技术业务时常出现，为完善生态版图，巩固领先优势，防备潜在风险，国内领先企业基于其丰富的运作经验及敏锐的市场眼光，纷纷加快行业布局。例如，美团网与大众点评网合并后，可以提供从食材配送、信息管理、预订点餐、营销到外卖配送，线上线下一条龙服务，打通餐饮产业上下游，实现有效整合；再如阿里巴巴并购UC浏览器、高德地图、优酷土豆等领先企业，打造全产业链生态平台，提前谋取未来竞争的大数据优势。

三、互联网企业合并的主要影响

领军企业间的合并带来多方面的影响，主要包括以下几个方面。

（一）形成了竞争力强大的互联网企业

互联网应用领域基本上完全开放，各类资本和人才充分竞争，而网络服务具有虚拟性和易复制性等特点，业务模仿成本极低，经常出现“一哄而上”、产品服务与商业模式同质化严重、企业大面积亏损的状况。前几位领先企业合并后，很容易形成具有强大竞争力的领先企业。一方面提升了规模经济性，如形成对上游企业的谈判优势，降低了服务器带宽接入价格、视频版权价格等；扩大用户规模，摊薄单位用户运营成本，提高企业的运行效率。另一方面，网络效应导致合并后的企业进一步提升对用户的黏性和吸引力，形成“赢者通吃”的优势。龙头企业在资本市场受到热捧，整合资源的能力继续不断地强化。这些企业可能含有一定的外资，但经营团队和主要业务都在境内，是我国新经济发展的骨干力量。

（二）削弱细分业务市场的竞争程度

互联网企业由相互竞争走向合并联姻后，减少了竞争者数量，推动细分市场的结构走向寡头竞争乃至市场垄断。对于其他竞争对手而言，受阻于领先者的强网络效应和用户的消费惯性，短期内将处于更加劣势的位置。对于广大消费者而言，细分市场竞争者数量的减少，短期内降低了细分市场的竞争强度，让领先企业拥有更强的议价能力。细分市场竞争程度的下降，可能会降低企业创新的动力，限制消费者的选择空间。特别是对于客户使用频度高、转移成本高的业务，消费者的利益更容易受到影响。

（三）细分市场形成了一定的支配力量，容易出现滥用市场支配地位现象

从实践看，细分市场占支配地位的企业容易出现滥用市场支配地位现象，如凭借掌控的用户规模和资本优势，复制抄袭对手商业模式、向上下游延伸其平台垄断优势、强制实施捆绑搭售等。在大数据时代，不排除新合并企业基于其拥有的海量、多维度个人数据，定向实施反竞争性歧视行为的可能。这些行为不仅严重打击了小微企业创新的积极性，而且损害了上下游企业和消费者的利益。这些现象在国内国外都时有发生。近年来国外巨头互联网企业如谷歌、微软频频受到反垄断调查，国内互联网企业间也出现过多起诉讼，都与涉嫌滥用市场地位有关。

四、政策建议

针对互联网企业间合并的监管，要坚持遵循产业发展规律，也要坚持营造公平竞争环境，促进我国互联网产业持续创新和快速发展。

（一）基于互联网的赢者通吃、颠覆创新、动态竞争等产业规律，建议对企业间合并的事前申报原则上予以通过审查

按照我国《反垄断法》，经营者集中达到国务院规定的申报标准的，应当事先向国务院反垄断执法机构申报，执法机构要考虑经营者“在相关市场的市场份额及其对市场的控制力、相关市场的市场集中度、经营者集中对市场进入和技术进步的影响、经营者集中对消费者和其他有关经营者的影响、经营者集中对国民经济发展的影响”等因素，对于经营者集中具有或者可能具有排除、限制竞争效果的或者不利影响大于有利影响的，应予以禁止。现实实践中，跨界融合的特点导致“相关市场”难以界定，是否限制竞争也就难以判断。另外，企业合并往往兼具积极和消极影响，孰大孰小也难以客观判定。因此，如果仅从法律角度考虑，互联网企业的合并审查很难形成一致意见，国内外合并审查的实践也证明了这一点。如果考虑互联网产业“赢者通吃”的客观发展规律，我们认为原则上应该通过互联网企业的合并申报。因为“充分竞争”只是产业发展早期的不稳定状态，即使不允许企业合并，优势企业也能获得占有 70% 左右市场的支配性地位。允许企业合并，还有利于节约资源投入，提高资源配置的效率。再者，细分市场内部竞争虽然减少了，细分市场之间的跨界竞争在互联网行业比较显著，例如 BAT 三大互联网集团之间都在许多细分市场开展跨界竞争。

（二）建议抓紧完善经营者集中审查管理制度，针对互联网领域适用快速从简原则

按照《国务院关于经营者集中申报标准的规定》规定，当双方在境内营业额均超过4亿元且合计超过20亿元，应当事先主动申报。考虑到互联网行业具有技术业务创新速度快、合并机会窗口期短、合并发生频率高等特点，建议研究经营者集中审查在互联网领域的便捷适用问题。在集中申报标准方面，业务融合和平台经营的特点要求进一步明确互联网企业营业额计算标准。在相关市场界定方面，鉴于互联网打破了时空局限，经营者实质上参与了全球竞争的特点，建议充分重视地域市场因素；同时考虑到绝大多数互联网企业都搭建了运营平台，为供需双方提供交易匹配服务，建议把相关市场聚焦到平台服务方面。在审查程序方面，鉴于互联网行业瞬息万变，建议开辟绿色便捷通道，大幅简化审查程序，缩短合并申报审查周期。

（三）加强对互联网市场竞争情况的跟踪评估，严厉查处企业合并后滥用市场支配地位限制或排除市场竞争的行为

互联网企业合并会加快形成占据较高市场份额的大型企业，各国《反垄断法》虽然不反对企业做大做强，但对于企业滥用其市场支配地位有明确禁止要求。如欧美国家近年来对谷歌、脸书、亚马逊等互联网巨头的合并案件大开绿灯的同时，也对滥用市场支配地位的各类行为展开了一轮又一轮的执法调查。以谷歌为例，近15年内获批收购超过180家企业，但在是否调整搜索结果排挤竞争对手、对电商企业广告位实施价格歧视、滥用安卓系统支配地位强迫手机厂商签订应用捆绑协议等方面，遭到多国反垄断部门调查。我国互联网市场也大量存在滥用市场地位现象，习近平总书记在网络安全和信息化工作座

谈会上指出，“当前，我国互联网市场也存在一些恶性竞争、滥用市场支配地位等情况，中小企业对此意见不少”。借鉴国际经验，建议把反垄断力量重点向查处滥用市场支配地位倾斜，首先，加强互联网业务细分市场竞争状况的跟踪评估，发布评估报告，对于恶性竞争行为发案较高领域，发布反垄断指南，引导企业主体强化自律，规范自身竞争行为。其次，坚持抓大放小，对合并后的巨头企业，在合并后一定时期内，将其所在业务市场列入重点监管对象，防范其滥用市场支配地位排挤或打压竞争对手，维护竞争活力。再次，针对互联网企业竞争策略丰富，价格竞争和非价格竞争兼用，且大都采取高技术手段实施的特点，建议强化联合执法，加大反垄断执法部门与行业管理部门合作力度，支持第三方建设技术取证手段，共同捍卫公平竞争的市场秩序，为培育新经济营造健康环境。

（四）为线上线下企业创造公平的竞争环境

在“互联网 +”政策推动下，线上企业加速向线下布局，线下企业则加速向线上延伸，针对同一用户群，线上线下企业之间竞争日益凸显。但在税收、监管规则、劳动制度、企业责任等方面，线上线下企业面临着规则不一致的情况，线上线下企业可能形成不公平竞争。建议坚持鼓励创新、审慎监管原则，既要给各类融合创新业态一定的观察期和包容期，又要加快线下业务的监管改革，以维持线上线下企业之间的公平竞争为主线，统筹制定面向“互联网 +”的监管规则，通过线上线下企业之间的公平竞争促进全社会资源的合理配置。

执笔：马　骏　马　源

创新企业快速成长新模式初探

在信息化、全球化的新环境下，创新的竞争越来越向技术应用的早期推移，一大批创新企业突破传统的线性增长模式，在产业发展早期就快速扩张和盈利尚不明确甚至连盈利方式尚不清晰的情况下就达到惊人的规模。创新企业快速成长的新模式是一套复杂的机制，可以概括为“烧投资者的钱、博用户的心、圆创业者的梦、革同业者的命”。新模式产生的原因包括技术革命步伐加快、全球化不断深入、创新的规模经济和网络效应等多方面因素。我们应高度创新企业快速成长新模式对国家创新的重要影响，它加剧了先发优势和后发劣势，进而加剧了国家和地区间发展的不平衡。我们要加快制度改革促进创新步伐，包括：鼓励和引导社会资本投资新兴产业，完善税制鼓励员工持股和知识成果转化，完善公司法扩大企业创新空间，改进行业监管促进新旧业态的公平竞争。

在信息化、全球化的新环境下，创新的竞争越来越向技术应用的早期推移，一大批创新企业突破传统的线性增长模式，在产业发展早期就快速扩张和盈利尚不明确甚至连盈利方式尚不清晰的情况下就达到惊人的规模。该模式起源于互联网企业，但随着制造业的智能化和服务化，该模式正在扩展到越来越多的领域。创新企业快速成长的新模式是一套复杂的机制，在投资者、人力资本、激励机制、竞争方式等方面都具有显著的新特点。新模式对创新产生越来越重要的影响，需要深入研究和高度重视。

一、创新企业快速成长的新模式

企业要快速成长，必须在用户、内部生产、融资等相关环节同步扩张。用户扩张是龙头，以需求带动内部生产和融资的扩张；内部生产是基础，企业提供更好的产品或服务才能实现用户扩张；融资是支撑，长期性的风险投资为企业的冒险活动提供关键支持。创新企业快速成长新模式的机制可以概况为：烧投资者的钱、博用户的心、圆创业者的梦、革同业者的命。

（一）烧投资者的钱

风险资本为创新企业的发展烧钱，以帮助创新企业度过从技术发明到商业应用之间的“死亡之谷”。风险资本烧钱主要体现在两个方面，一是投资期的巨额亏损。例如，京东自 2009 年以来融资近 480 亿，但经营连续亏损，2014 年亏损近 50 亿元，2015 年亏损约 94 亿元。特斯拉自设立以来融资额超过 10 亿美元，但经营持续亏损，2010 ~ 2015 年分别亏损 1.5 亿美元、2.54 亿美元、3.96 亿美元、0.74 亿美元、2.94 亿美元、8.89 亿美元。二是创新企业的高死亡率。风险投资虽然尽力挑选优秀的创新企业，但创新企业的死亡率常常超过 50%，天使资本投资的企业死亡率更是超过 90%。风险资本敢于烧钱，秘诀在于其商业模式。风险资本投资高新技术企业，一旦成功就会获得高额回报，可以覆盖失败企业的损失，因此可以利用投资组合来获得相对较高的总体投资回报。风险投资一般持股时间较长，通常在3～7年左右，投资的评价标准不是企业盈利，而是企业的估值或者说企业的长期盈利性。

值得关注的是，风险资本已经成为创新企业高速发展的主要资金来源，一旦企业呈现出巨大的发展潜力，风险资本就会蜂拥而至，单个企业的融资会达到惊人的规模，企业不再依赖自我积累逐步实现规模扩张，而是依靠风险资本实现爆发式增长。以特斯拉为例，特斯拉成立于2003年，2004年融资750万美元，2005年融资1300万美元，2006年融资4000万美元，2007年融资4500万美元，2008年融资8000万美元，2009年融资1.15亿美元，顺利实现了从测试车到工程样车到Model S的销售交付，实现爆炸式增长。

（二）博用户的心

创新企业快速成长的基本条件是用户的快速扩张，这一点在互联网企业中表现得尤其明显。互联网企业的商业模式的核心在于黏住用户，甚至通过大量的免费服务留住客户，只要能黏住客户，就有机会找到盈利方式。要黏住客户，关键是找准并满足用户需求，为客户创造价值。例如，三大门户网站为用户提供快捷的信息服务，但直到上市仍然没有清晰的支持企业盈利的模式，主要依靠投资者烧钱支撑，但后来通过广告、无线增值业务、在线网游等业务实现了盈利。

创新企业烧钱黏住客户，表面上看是亏本买卖，实际上是一种新的商业模式。一方面，通过烧钱“收买”用户，尽快形成领先的市场地位，巩固品牌优势，抵御后进入者的竞争；另一方面，尽快形成规模优势，吸引人才，加速完成学习曲线，降低单位成本。以微信为例，微信供用户免费下载使用，推出后 1 年用户即突破 1 亿，5 年后突破 9 亿。有这样一个庞大的用户群，后期在微信上嫁接电商、游戏、支付等业务即可实现盈利。与该商业模式相对应，企业估值也不看短期盈利水平，而主要看用户数量，基于用户数量推算未来的盈利能力。

（三）圆创业者的梦

用户的增长和企业的扩张，最终取决于企业内部的创造力。创新企业在公司治理上一般都设计专门机制，激发创业者的创造热情，帮助创业者实现事业梦和财富梦。主要有两点：

一是员工持股。互联网企业的创业者（创始人和骨干员工）通常拥有公司较高比例的股权，随着公司估值的不断增长和公开发行上市，创业者拥有的财富价值也达到惊人数字。互联网企业通过股权激励让员工全力以赴，“工资只是零花钱，股票能让你财富自由”成了很多互联网从业者的共识。例如腾讯上市前内部员工持股约 46.5%，百度上市前内部员工持股约 43.2%，阿里巴巴上市前内部员工持股约 13.5%。股权不像现金那样具有很大的流动性，而是与公司发展前景紧密联系在一起，如果公司失败，股票就一文不值了。同时，创业型企业面临的资金压力较大，有时难以给出很高的薪资待遇。因此，股票成为创新公司普遍采用的激励工具，吸引最优秀的人才，最大程度激发他们的创造潜力，致力于增加公司的长期价值。

二是创业者主导企业发展。多数创新企业都尊重创业者在公司中的领导作用，甚至一些企业专门制定特殊条款，在一定程度上否决公司法的“资本多数决”的基本原则，充分保障创始管理团队对公司的控制权。例如，腾讯公司在2004年上市之前，两家国外投资者——南非MIH集团与IDG分别持股46.3%和7.2%，但他们充分信任创业团队，一开始就放弃了所持股份的投票权，公司的经营决策主要由几位联合创始人来负责。阿里巴巴在上市时专门设计了“合伙人制度”，实行公司内部高管提名多数公司董事会成员的制度，间接保障了公司核心高管团队对公司的控制。

（四）革同业者的命

当颠覆性技术刚出现时，一般都不成熟，只能在细分市场或低端市场参与竞争，而中高端市场仍然由传统企业控制。但新技术的发展速度远远超过传统技术，创新企业很快就会对传统企业形成全面挑战。创新企业对传统企业的颠覆过程，也是全面接收传统企业的规模巨大的客户群的过程。

尽管传统企业也可以利用新技术来服务客户，而且还具有品牌和市场优势，按理说传统企业应该具有更大的竞争优势，但现实情况是传统企业总是被新兴创新企业战胜。这既有传统企业受制于既有利益的原因，也有创新企业在人力资源和激励机制上的优势带来更强创造力的原因。这种现象启示我们，创新离不开市场开放。

二、创新企业快速成长新模式的成因

创新企业快速成长的新模式是新环境的产物。由于技术革命步伐的加快和全球化的深入，技术创新的竞争在加剧，风险和收益都在上升，创新的新商业模式也应运而生。

（一）技术革命步伐加快

技术革命是创新企业快速发展的主要动因。新技术可不同程度地提升企业的竞争力，但风险投资家并不会投资所有的新技术，他们的理想投资目标是“提升效率 10 倍以上的技术”。因此，风险资本投资的企业常常对传统企业产生颠覆性的革命。

新技术为创新企业带来巨大竞争优势。例如，传统超大型超市的商品种类最多可达几万种，但淘宝上的商品种类达到几亿种，而且电子商务在购物便捷性、物流、价格等方面还具有传统超市难以比拟的优势。电动汽车在环保、智能化等方面具有强大的吸引力，随着越来越多的资源投入到电池等瓶颈技术的开发，电动车很快就会从价格和性能上全面取代传统能源汽车。滴滴利用互联网平台匹配闲置车辆资源和用户需求，极大提升了资源配置效率和用户体验。

创新企业的竞争最终体现在技术的竞争上。2015 年天猫双十一购物节当天，14 万笔 / 秒的交易峰值和 8.6 万笔 / 秒的支付峰值双双刷新了世界纪录，撑起天量交易的是阿里巴巴自主设计的云计算体系，提供了世界级的数据处理能力和安全可靠性。

（二）全球化的不断深入

资本的全球化导致全球资本向创新领先企业的聚集。以中国互联网三巨头 BAT 为例，三家企业从起步到上市，最大投资者都是境外风险资本。腾讯公司在 2004 年上市之前，南非 MIH 集团与美国 IDG 分别持股 46.3% 和 7.2%，阿里巴巴集团上市前，日本软银和美国雅虎分别持股 34.4% 和 22.5%。。

市场的全球化不仅促进了市场竞争，也提升了创新的收益。特斯拉 2013 年的全球销量为 2.23 万辆，2014 年的全球销量为 3.17 万辆，2015 年的全球销量超过 5 万辆，虽然工厂设立在美国，面对的是来自全球的消费者，中国就占特斯拉全球市场的约 10%。一旦特斯拉取得成功，就会垄断全球高端电动车市场。

（三）规模经济和网络效应

较强的规模经济和网络效应形成了赢者通吃的竞争结局，极大提升了胜利者的收益，刺激了风险资本的投资欲望。

规模经济来自技术创新的巨大研发成本，研发投入越高规模经济越显著。例如，许多产品的创新都体现在芯片和软件上，芯片和软件的成本主要体现在研发阶段，一旦研发成功，新增边际成本趋近于零，企业赚钱比印钞票还要快。

信息技术是当今创新活动最重要的技术来源，信息技术具有显著的网络效应，即需求方规模经济。网络效应使得一项产品随着越来越多的人使用变得更加有用，以微信的发展为例，当你使用微信的朋友越多，你用微信联系他们就越方便。正是由于微信快速占领了市场，阿里巴巴投入巨资打造的类似微信的产品无论如何努力也无法取得成功，市场只有第一，没有第二。

由于以上三方面的原因，创新表现出“快鱼吃慢鱼”的特点。一位风险投资家在总结投资经验时说：“快一步天堂，慢一步地狱。企业创新尤其是互联网企业的创新，对发展速度的追求永远大于对利润的追求，只要速度够快，各种资源就会自然地向其聚集，形成强者恒强、赢者通吃的局面。”

三、高度重视创新企业快速成长新模式的重要作用

物联网和产品的智能互联正在加速发展，越来越多的产业都在一定程度上表现出越来越强的赢者通吃的特性。全球化仍在不断深化，跨国资本流动特别是对技术的投资越来越受到投资目的地的欢迎，可以预料，创新企业快速成长新模式将在创新活动中发挥越来越重要的作用。

新的模式将竞争推移到早期阶段，强化了先发优势和后发劣势。过去发展模式下，发达国家的领先企业的先发优势体现在垄断中高端市场和占有知识产权方面，追赶型国家企业一般采用“贴身跟随”策略，利用较低成本参与中低端市场竞争。但是，新的模式下，领先企业可能赢者通吃，跟随者既无法获得成本优势，又缺乏市场空间，后发劣势将表现得更加突出。新的模式无疑将加剧国家和地区间发展的不平衡。领先国家和地区利用资本、知识、人才和市场优势，率先形成产业规模，打造强大产业平台和完整的产业生态，取得市场垄断地位，进而又吸引资本、知识、人才进一步聚集。落后国家和地区，不仅发展新兴产业的机会更加渺茫，传统产业也面临被新技术颠覆的风险，过去地区间的雁形发展模式很可能将不复存在。

过去我国在新兴产业发展方面习惯采用跟随策略，随着技术进步与产业特性的变化，我们要更加重视领先策略，尽快以国内市场为基础形成强大的创新生态圈。为此，我们要为创新提供更好的发展条件和更大的空间。

一是鼓励和引导社会资本投资新兴产业。新兴产业的企业在不同阶段需要风险资本和产业资本的持续投入，应积极拓宽风险投资的来

源渠道。包括：鼓励富裕人群参与新兴产业投资，比如完善个人所得税税制，考虑到投资的高风险性，允许投资者在合理期间综合计算投资收益，适当分摊纳税或延迟纳税；进一步明确银行、保险、证券、社保等机构投资者参与创业投资和股权投资的标准和行为规范，完善相关配套政策，引导银行、保险、证券、社保等资金有序参与创新投资；建立包容创新失败的机制，积极稳妥地安排国有资本参与新兴产业投资。

二是完善税制鼓励员工持股和知识成果转化。建议借鉴美国的经验，改进股权激励和知识成果转化相关的税制，包括：将股权激励的纳税时点从“行权日”“认购日”后移到股权“转让日”，将股权激励所得的征税税率从按照“工资、薪酬”缴纳个人所得税的累进税制修改为资本利得税，将个人以知识产权入股缴纳个人所得税的时点从“取得股权日”后推到“转让日”。实践表明，创新活动具有极大的风险性，个人获得股权并不意味着获得收入，多数情况下可能血本无归，如果持股人在获得股权时就要为股权支付高额税，既不能体现公平，也不利于员工持股制度的发展。改进税制将鼓励企业实施员工持股，鼓励员工长期持股，鼓励知识成果转化，对于企业创新具有重要意义。

三是进一步完善《公司法》，为企业创新提供更大的空间。我国《公司法》比较严格地规定了股东会、董事会和管理层的权责，并且赋予了股东较多参与经营决策的权力。未来可以适当减少具体规定，更多地由企业自己决定股东会、董事会和管理层的权责，以适应企业创新的需要。

四是改进行业监管，建立公平竞争的市场环境。实践表明，创新企业颠覆传统企业是产业升级的重要途径，但现行的行业监管是建立在传统的技术路线、市场结构和商业模式基础之上，难以包容新业态的生存和发展。当创新企业对传统企业形成冲击时，行业监管部门容易陷入不知所措的局面，甚至出台政策力图维持旧的产业格局。在新旧业态竞争中，行业监管部门首先应包容创新，允许新业态存在甚至出现创新失败现象，同时根据新业态本身的发展规律制定新的监管规则，让新旧业态按照大致公平的规则开展竞争，让市场选择优胜者。

执笔：马　骏　马晓白

支持“互联网平台 + 小微企业”发展模式，促进“大众创业、万众创新”

“互联网平台 + 小微企业”模式有助于克服小微企业的规模不经济问题，比政府提供的公共服务更加高效，弥补了小微企业天然弱质性，发挥了小微企业灵活性个性化特点，形成了网络上的产业集群。该模式也面临个人产品服务提供者是否需要工商登记、市场主体之间的权利义务关系不清、监管责任如何有效落实等问题。建议降低自然人进入平台经济的资质登记门槛，支持互联网平台公司与自然人小微市场主体自主选择劳务承包关系或劳动关系，建立和实施政府、平台、小微企业、消费者共同参与的互联网商业治理模式，既确保市场各参与主体的平等权益，又确保监管的有效性，以促进“互联网平台 + 小微企业”模式的分享经济持续健康发展。

一些互联网企业为小微企业提供第三方服务，解决小微企业自身难以解决的营销、交易、支付等问题，吸引大量小微企业加入，形成产业链高度关联的生态系统，发展出“互联网平台 + 小微企业”的新模式。

一、“互联网平台 + 小微企业”模式有助于解决制约小微企业创新发展的瓶颈

小微企业存在规模不经济的特点，与大企业合作常常处于劣势。发达国家常常采取“政府之手”来解决中小企业发展中面临的规模不经济问题，如建立企业信用信息查询系统、产权交易中心、人才服务中心、孵化园区等。“互联网平台 + 小微企业”模式成为市场化的新手段。

（一）“互联网平台+小微企业”模式有助于克服小微企业的规模不经济问题

“互联网平台 + 小微企业”模式出现后，无论是淘宝网等传统电子商务平台，还是滴滴、饿了么等交通、餐饮撮合交易平台和蚂蚁金服等第三方信用服务平台，都较好地解决了小微企业市场开拓中的规模不经济等问题，极大地改善了企业发展的市场环境。小微企业没有能力自建的业务，完全可以通过低价租用平台的高质量服务来解决，如阿里平台上可以为小微企业提供物流 / 仓储、电子商务、内部管理、云安全、店铺互动、图片拍摄 / 处理、软件服务等各种类别的服务。同时，除了平台提供的服务之外，大量小微企业在平台上也为其他小微企业提供服务，形成完整的产业生态。

（二）“互联网平台+小微企业”模式比政府提供的公共服务更加高效

政府部门长期为小微企业提供公共服务，如科技部、工信部、商

务部等部门开展“国家基础科技条件平台建设”“国家中小企业公共服务示范平台建设”“中小企业公共服务平台试点城市建设”，为中小企业提供信息查询、技术创新、质量检测、法规标准、管理咨询、创业辅导、市场开拓、人员培训、设备共享等服务。政府部门建立的中小企业服务平台多以全额或差额拨款事业单位性质为主，受体制机制影响长期存在创新性不足、服务能力不足的问题。公共部门效率不高是各国普遍存在的问题，例如美国一直存在对联邦和各州中小企业服务机构的批评意见：“只是解决了服务机构人员的就业问题”。

互联网平台的优势在于自身的持续创新，创新的动力来自于市场化的经营机制。持续的创新不仅解决了大量小微企业的难题，也实现了自身的快速发展，为股东和创业者提供了丰厚的回报。互联网平台提供的服务已经远远超越了科技、工信和商务等部门设立的传统服务平台提供的服务，如阿里电商平台为中小企业提供市场撮合服务、交易支付结算服务、信用评级服务、应收账款抵押融资服务、物流服务等，滴滴叫车平台为专车司机和乘客提供需求匹配服务、交易支付结算服务、信用评级服务等。据部分数据显示，仅提供市场服务方面，阿里巴巴平台、淘宝网就解决了1100万家小微企业市场交易的便利性，年成交额已达到上万亿元。面向个体性质司机服务的滴滴、易道叫车平台为200万以上专车司机创造了每月2000元以上、部分地方甚至5000元以上的稳定收入。

（三）“互联网平台+小微企业”模式弥补了小微企业天然弱质性，发挥了小微企业灵活性个性化特点，形成了网络上的产业集群

基于互联网信息易得性、上下游环节透明且低成本的特点，新模

式有效地解决了中小企业生产过程中上下游集聚程度低、交易环节过多、信息不对称以及交易成本偏高等难题，契合了小微企业规模小但灵活性强、个性化成本高但市场适应性强的特点，从而衍生出许多新兴商业模式，如大规模个性化定制、场景式社交营销、零边际成本营销、线上线下融合服务、供应链金融等。在"互联网平台 + 小微企业"模式下，小微企业不用自己购买服务器，不用组建财务、物流、人才部门，就能从网上将信息系统支持服务、财务支持服务、第三方物流服务、人才外包服务作为一种产品购买获得，实现组织结构虚拟化、网络化、平台化，实现融资渠道的大众化与多元化。在促进小微企业创新转型发展方面，互联网平台通过重塑创新各环节要素体系，以众包、众创、众筹等模式聚合了人才、科技、资本等各方资源，小微企业不一定投入大量的人力、物力和财力，也一样可以起到意想不到的市场推广效果和研发创新成效，从而节约出大量资源和时间，更好地专注于本领域的客户服务、产品质量和创新开发，在组织转型上呈现出用户中心主义、企业平台化、员工创客化趋势。"互联网平台 + 小微企业"的组织形式呈现为"海量小前端 + 巨型平台"的商业形态，为中小企业创新发展开辟了崭新空间，大量新兴初创的中小企业快速涌现出"独角兽"企业。如初创企业小米科技公司是互联网众包研发、消费众筹、营销创新的典型案例；又如红岭服装、索菲亚衣柜等公司成为互联网平台大批量个性化制造模式创新的典型案例。

二、"互联网平台 + 小微企业"模式需要解决的若干问题

（一）登记问题：个人产品服务提供者是否需要工商登记?

自然人网店的登记问题在电子商务法立法时引起了很大的争议。

“互联网平台 + 小微企业”模式下，自然人在网络平台上开展经营就已经成为经营主体，如个人写的游戏软件放在中国移动的平台上运营并分享收益，个人作为经营主体是否需要进行工商登记是一个长期争论的问题。

2008 年，国家工商总局颁布《网络商品交易及有关服务行为管理暂行办法》，免除自然人网店工商强制登记义务，此种做法被 2014 年实施的《网络交易管理办法》认可并得以延续。但也有观点认为“自然人网店可以不经工商登记，是特定发展阶段的特殊规定”，为了公平竞争和加强监管，未来还须办理工商登记。

（二）责任划分问题：平台型企业与自然人市场主体是否为雇佣劳动关系?

互联网颠覆了传统的工作就业模式，全新平台型就业改变了传统的“公司 + 雇员”模式，“平台 + 个人”的组织模式大量涌现，自然人替代公司，成为越来越广泛的小微市场主体。如“淘宝”电商平台上汇聚了约 700 万多市场主体是以个体工商户或自然人个体构成，而滴滴、易道等叫车平台上汇聚了超过 200 万以上个体司机。

互联网平台在解决大量就业问题的同时也带来了劳动用工监管的问题，即网店自然人、网约车司机这些小微市场主体与平台公司之间是市场交易关系，还是雇佣劳动关系？目前不同方面存在认识分歧。以网约租车平台为例，重资产模式下的网约租车平台，如神州专车的车辆全部来自于正规租赁公司——神州租车，司机则由第三方劳务公司提供，上岗前需要通过相关培训，工作处于全程监控之下，司机与劳务公司为劳动合同关系，但租车平台与劳务公司两个主体间的劳动力租赁关系比较清晰。但对于轻资产模式下的网约租车平台，如滴滴这类平台是B2C和P2P混合的专车模式，其驾驶员来源更多的是私家车主和出租车主，驾驶员与平台之间的关系则较为复杂。在制度上则对传统的《公司法》《劳动法》如何适应互联网平台经济下市场参与主体双方的变化提出了挑战。比较有代表性观点的案例有两个，2015年美国加州依据1989年判例，裁定一位司机主张自己作为全职司机应该获得Uber雇员待遇的诉求胜诉；我国交通部2015年10月出台的《网络预约出租汽车经营服务管理暂行办法（意见征求稿）》，针对网约车司机接单服务中造成交通事故，受害人却无处追责等情况，要求“网络预约出租汽车经营者应当保证接入平台的驾驶员具有合法从业资格，与接入的驾驶员签订劳动合同”，认定了二者之间是劳动关系。但是更广范围的学者、行业从业者，从劳动者的独立性、劳动结果与劳动过程的监督性和强制性等，认为二者不是劳动雇佣关系，而是劳务承包关系；甚至大部分网约车司机并不认为网约车平台公司与自己是劳动关系。

（三）监管有效性问题：如何执法取证以处理假冒伪劣？

互联网商城上的假冒伪劣问题是当前各界对自然人网店的最大意见，包括：一是通过信用炒作虚构网店商品的信用等级，误导消费决策并降低消费信心；二是自然人网店的平台注册者与实际经营者身份不符，以至于难以准确定位责任人；三是自然人网店店主的法律责任财产过少，使得各类法律责任无法落实；四是监管部门长期无法掌握相关主体信息，为监管带来困难；五是即便找到了违法经营者，也常常因为工商执法人员无权进入个人民宅而无法取证执法。其中，后两项因素与监管部门的监管活动直接相关，是主张“自然人网店应当办理工商登记”的重要理由。

三、政策建议

（一）降低自然人进入平台经济的登记门槛，采取宽松政策环境以鼓励“互联网平台+小微企业”模式发展

互联网平台经济是“微经济、平台经济、共享经济”的“三位一体”的新经济，未来发展前景不可限量，一些大型企业也在尝试向“平台＋中小企业（个人）”的组织模式转变。该模式促进了“大众创业、万众创新”，实现了过去政府扶持小微企业发展难以取得的效果。建议采取宽松的政策环境以鼓励市场化的技术创新，通过“互联网平台＋小微企业”模式创新解决小微企业发展中的问题。

在共享经济、平台经济里面，最关键的突破是个人准入。《网络交易管理办法》确立的自然人网店准入是实践中重大的制度创新，既体现了社会对互联网创新的宽容，也深刻体现了自然人的商业经济权利。建议对“互联网平台＋小微企业”模式的发展采取“适度监管原则”，降低监管门槛、去审批化，而不是提高自然人网店、个体司机、个体家修等小微市场主体进入“互联网平台＋小微企业”模式的门槛。建议进一步放宽自然人小微市场主体的独立承包运营资质门槛标准，如研究在网约车领域放宽私家车的运营资质，以保障一旦发生事故时获得相应保险赔付的需求。在大力推进商事登记便利化的同时，完善第三方平台的免责条款，给新的商业模式创新留出一定的试错空间和发展空间。

（二）由互联网平台与自然人小微市场主体自主协商决定二者之间适用劳务承包关系还是劳动雇佣关系，给予自主选择权，预留创新空间

随着中国分享经济的发展，在电商、网约车、网络餐饮、网络家修等领域，“互联网平台 + 小微企业”的模式不断创新，网络平台与小微市场主体的关系越来越复杂。以网约车平台为例，神州专车、滴滴出行、易到用车等为代表的中国特色网约车服务包含网约租车平台、司机、汽车租赁公司、劳务派遣公司等主体，但四方主体之间关系比较复杂，重资产和轻资产的各个企业做法也不尽相同。

对于创新经济模式中出现的新劳动现象，不应简单套用以“公司 + 雇员”为主的《劳动合同法》，需要在总结商业模式创新经验基础上，不断完善新的劳动保护方式，形成符合“平台 + 个体”这一新兴经济形式的法律规范，以保护各方的利益，实现网约租车平台发展与劳动者保障双赢的局面。建议由互联网平台与自然人小微市场主体自主协商决定二者之间的关系是劳务承包关系还是劳动雇佣关系，给平台和小微市场主体自主选择权，预留创新的空间。区别劳务关系和劳动关系，主要判断劳动者是独立的还是从属的。劳务关系以劳动结果作为支付依据，企业并不对劳动者的工作过程进行管理，支付的依据是劳动结果而不是出勤时间。如自然人网店同时在多个电商平台注册网店，网约车司机大多同时接受多个叫车平台的派单，并不从属于某个特定的网约车平台，生产资料由劳动者自己提供，且可以完全自由安排自己的时间，不同于一般就业，目前对劳务关系的调整主要由合同法和民法通则实现。建议进一步完善独立劳务承包个体等非传统正规就业者的社会保障，研究并颁布适应“平台 + 个体”的公平对等的劳务承

包合同范本或制度，防止平台公司滥用市场优势地位侵犯小微市场主体的权益，以促进“平台 + 个体”的分享经济的蓬勃发展。

（三）建立和实施政府、平台、小微企业、消费者共同参与的互联网商业治理模式，提高监管有效性

“互联网平台 + 小微企业”模式对政府监管模式提出了挑战，包括对平台公司的监管、对小微企业的监管，都与传统的线下实体店铺监管不一样。如何在出现假冒伪劣或知识产权侵权等现象时及时找到责任主体，在传统的注册准入环节实施限制性监管成本高且有效性低，需要提升事中事后监管的能力。

建议建立和实施政府、平台、小微企业、消费者共同参与的网络治理模式。政府部门应建立类似银行征信系统的公共信用平台和失信惩罚与限制准入管理制度；各互联网平台公司有义务审查并建立小微市场主体黑名单制度，将本平台的黑名单及时上报公共信用平台，并在平台注册环节建立向公共信用平台查询和落实限制准入管理制度、建立信用保证金收缴、预先代付消费者损失、失信惩罚制度，还可以充分利用平台的大数据优势，建立小微企业与消费者共同参与的第三方信用评价体系；小微企业和自然人市场主体有义务接受平台公司的信用监管、失信保证金机制和失信惩罚结果，严格规范自身市场行为；鼓励消费者积极参与信用评价，发挥消费者的监督作用；推行消费者实名注册，实现前台匿名、后台实名，避免网络“水军”的“刷信用”的虚假评价。通过多方参与的治理模式，共同维护互联网市场的秩序，促进“互联网平台 + 小微企业”共享经济模式的持续健康发展。

执笔：王继承

加快推进面向“互联网+”的监管转型

“互联网+”孕育了大量新组织、新业态、新产品、新竞争、新商业模式，对政府的传统监管体系形成了新的挑战，包括：改变了传统产业版图，颠覆了被监管的企业，挑战传统监管存在的基础；模糊了传统产业边界，挑战彼此分立的监管体制；打破了服务提供地域限制，挑战属地分割的监管格局；改变了产业组织模式，挑战政府直接监管商家的管理模式；数据海量增长和业务的频繁迭代，挑战传统线下巡查监管模式。近年来，面对“互联网+”的冲击，监管部门开始探索重塑监管模式，陆续发布了监管改革政策，但从总体上看，监管转型尚处于起步阶段。加快推进面向“互联网+”的监管转型，应尊重技术创新和经济发展的客观规律，不断深化监管改革，包括：重新审视政府监管的前提，动态调整监管对象和内容；坚持公平竞争的原则，支持“互联网+”的深化；在加强部门间、层级间和区域间监管协作的基础上，进一步整合分散的监管资源；发挥网络平台的作用，形成政府、企业和网民等利益相关方共同参与的治理格局；加强政府与企业间合作，利用大数据、人工智能等先进技术支撑监管和服务的精准化。

我国实施“互联网 +”行动计划以来，互联网加速与经济社会各领域广泛深度合，智能互联不断深化，产业结构、企业组织不断重构，产品不断向个性化和多样化方向发展，跨界竞争更加普遍，新的商业生态逐步形成。“互联网 +”孕育了大量新组织、新业态、新产品、新竞争、新商业模式，对政府的传统监管体系形成了新的挑战。政府监管要适应“互联网 +”融合发展大势，加快转型步伐，提高监管的效能，进一步释放企业创新创业的活力。

一、“互联网 +”正在全方位挑战传统监管体系

“互联网 +”的不断深化从五个方面挑战着传统监管体系。

（一）“互联网+”业务的创新特性改变了传统产业版图，颠覆了被监管的企业，挑战传统监管存在的基础

当互联网企业由线上向线下延伸时，其经营理念、运作模式和发展路径都与传统业态明显不同，以技术业务创新解决用户需求的“痛点”，对传统产业格局产生颠覆性影响，特别是那些设置行政性准入限制的领域，如交通、医疗、金融、传媒、食药等部门，市场竞争不充分，“互联网 +”产生的冲击尤其巨大，甚至影响到整个传统行业的存亡。出租车行业就是一个典型案例，网约出租车集成利用移动互联网、定位、大数据算法等技术，全面重塑传统出行模式，让出行服务效率更高、成本更低、竞争更强，对巡游出租车产生巨大冲击。面对“互联网 +”的创新，建立在传统产业体系之上的监管部门，是固守传统产业格局排斥新业态，或是将新业态纳入既有旧制度框架之内，或是重构监管体系，必须做出艰难的选择。

（二）“互联网+”业务的融合特性模糊了传统产业边界，挑战彼此分立的监管体制

互联网的通用目的特征使其可与任何部门深度结合，孕育出兼具多重产业属性的新业务新应用，如互联网金融业务，既具有互联网信息服务属性，又具有金融产品属性。按照传统监管职责分工，前者属性应由互联网行业主管部门监管，后者属性应由金融行业主管部门监管，但对于此类跨界融合业务，传统上仅靠单一监管机构已无法满足现实监管需要。但在业务准入、审慎监管、竞争行为、服务质量、数据保护、网络安全等方面，如何才能理清监管边界，划清监管权责，重塑跨部门协作流程和监管机制，发挥监管合力，实现无缝对接，做到不缺位不越位，是“互联网＋”背景下必须解决的问题。

（三）“互联网+”业务的泛在特性打破了服务提供地域限制，挑战属地分割的监管格局

在传统市场上，产品或服务的供给方和需求方往往在同一地域，监管机构的管辖权也基本上限于所在行政区划和地域范围，但互联网“一点接入，全球服务”的特性彻底改变了基于地理位置的时空观，互联网企业的服务器放在什么地方、用户居住在什么地方都已不再重要。如位于我国杭州的阿里巴巴电子商务平台可以向全球各国用户提供网络购物服务，此时一旦异地用户因网络购物产生争议，就可能会牵涉跨国别、跨地域、跨层级的多个部门监管协作。如何适应互联网扁平化、一体化的特点对现有监管流程进行再造，实现对线上线下主体的高效联动协作监管，就需要改革现有属地监管的体制。

（四）“互联网+”业务的平台特性改变了产业组织模式，挑战政府直接监管商家的管理模式

长期以来，政府部门在市场失灵领域，直接对被监管对象如商家进行全面监管，并逐步形成了一套相对成熟的监管职责和政策体系，主要包括准入制度、数量管制、服务规范、竞争政策、用户权益、劳动保护等。但在网络效应作用下，互联网企业普遍采取平台运营模式，即通过构筑第三方网络平台，一头吸引线下传统商家入驻平台，一头吸引消费者注册使用其网络服务，购买入驻商家的产品或服务，这样第三方网络平台天然地掌握着入驻企业和入驻消费者的注册信息和日常交易信息等。对于监管部门而言，对平台上入驻企业的监管，必须与第三方平台企业开展合作，但如何定位好平台角色，让其协助政府做好监管，同时又不滥用政府赋予的职责和市场力量，是一个崭新的问题。

（五）“互联网+”业务的网络特性导致数据海量增长和业务的频繁迭代，挑战传统线下巡查监管模式

近年来，国家大力推进商事制度改革，要求在“宽进”的同时着力做好“放管结合，优化服务”，尤其是面对互联网领域井喷式增长的局面，传统上的现场监管、感观监管、经验监管的旧模式已无法奏效。面对海量涌现、频繁迭代的“互联网＋”业务，传统监管在速度上难以跟上创新发展的步伐，难以对市场主体发展情况进行系统监测和分析，也无法对“宽进”后市场主体实施精细化监管。如何构筑“信息主导”的监管新格局，形成全景式立体化数据资源视图，是监管手段创新的重要任务。

二、监管部门适应“互联网 +”新形势的转型探索

近年来，面对“互联网 +”的冲击，监管部门开始探索重塑监管模式，陆续发布了监管改革政策，转型的方向主要体现在四个方面。

（一）监管从线下向线上延伸覆盖，思路由“支持创新”向“发展与规范并重”转变

为促进“互联网 +”业务健康发展，2015 年以来国家先后就互联网金融、电子商务、跨境电商、网约出租车等新业务，发布专门指导意见予以支持。一年多来，各类“互联网 +”业务蓬勃发展，但也出现了借创新之名行违法违规活动的行为，如互联网金融平台欺诈卷款跑路、网络订餐出现黑心作坊、网络医疗信息失真、在线旅游机票售假、网络直播媚俗涉暴等，伤害了广大用户利益，甚至出现一些社会高度关注的典型案件。为鼓励创新、防范风险、趋利避害，2016 年以来监管部门纷纷发布政策，包括加强互联网金融整治、规范网络直播平台、发布网络食品监管新政、明确网约租车管理办法等，开始加大对新业态经营行为的规范力度。

（二）加强跨部门协作，按细分业务类型一事一议确定监管职责分工

针对“互联网 +”业务的多重产业属性以及线上交易、线下递付的特征，监管部门之间主动加强合作，联合调研、论证、起草和发布各主流“互联网 +”业务的管理文件，合理界定各具体业态的业务边界及准入条件，落实监管责任，明确风险底线，保护合法经营，并坚决打击违法和违规行为。如人民银行等十部门 2015 年联合发布的《关

于促进互联网金融健康发展的指导意见》，除明确“一行三会”在具体业态上的监管分工外，还提出要规范互联网金融市场秩序，由工业和信息化部负责对互联网金融业务涉及的电信业务进行监管，国家互联网信息办公室负责对金融信息服务、互联网信息内容等业务进行监管等。

（三）抓住网络平台这个“牛鼻子”，探索政府与平台协作治理新模式

在互联网生态体系中，大型网络平台扮演中间商、集市商、撮合者的角色，掌握着平台上入驻商家和消费者这两类主体的行为踪迹，是生态体系中的关键枢纽。而政府监管部门除靠用户投诉举报外，很难主动发现和掌握平台上入驻商家的违规行为。新发布的监管政策，对网络借贷平台、网约租车平台、网络直播平台、信息搜索平台、网络订餐平台等第三方平台，要求其保证入驻商家都有合法手续和相应资质，做好实名登记、证照审查；建立巡查制度，设置专门管理机构或者指定专职管理人员，对虚假信息、夸大宣传、超范围经营等违法行为，及时采取措施制止等。此外，监管部门还比照线下传统的业务监管规则，对网络主播要求持证上岗、对滴滴司机要求通过考试、对车辆提出具体标准等，进一步细化监管要求。

（四）加强技术手段建设，提升对“互联网+”业务经营主体的发现、定位和取证能力

与线下传统业务拥有实体门店不同，“互联网 +”业务具有跨地域、虚拟性、隐蔽性等特点，经营主体发现难，出现问题定位难，违规行为电子取证难，执法难度大大增加。为有效落实对海量网络服务主体

的监管需求，监管部门加大手段建设投入力度，快速提升对网络主体的监管能力。例如，工商部门建设了“全国第三方网络交易平台监管系统”，汇集国内所有网络商品交易平台和经营者的相关数据，实现全国范围内的工商管理部门联动，旨在解决频繁出现的网络售假、虚假促销和购物欺诈等问题。再如国家发改委通过12358全国价格监管系统，汇集网络交易价格举报信息，向第三方平台发送电子协查文书，提升联动执法效能。

从总体上看，适应“互联网+”融合发展的监管探索尚处于起步阶段，一些政策措施在实践中还存在许多争议，一些突出矛盾也没有从根本上得到解决，要重构监管体系并非一日之功。另外，“互联网+”的快速发展不仅提出了新的挑战，也为监管创新提供了新的手段。构建适应“互联网+”发展需要的监管体系，需要不断探索、不断实践、不断反思、不断优化，经过较长时间努力才能建立比较完善的体系。

三、加快推进面向“互联网+”的监管转型的建议

加快推进面向“互联网+”的监管转型，应尊重技术发展规律和产业发展规律，坚持改革、开放、创新的理念，坚持多方参与的互联网治理原则，以规范促发展，进一步释放技术创新的活力，积极培育经济增长新动能。

（一）重新审视政府监管的前提，动态调整监管对象和内容

“互联网+”改变了产业特性，需要重新评估政府监管存在的理由。

如果“互联网 +”已经解决了政府监管关注的问题，监管就应该取消，不能因人设事；如果“互联网 +”重构了业务链条，政府监管需要重新评估监管的重点环节；如果“互联网 +”颠覆了传统的监管对象，政府监管就要评估是否要监管新企业、新业务；如果“互联网 +”产生了新矛盾，政府部门可能需要增加新的监管对象。政府监管不应一味地“从线下向线上延伸”，任意扩充权力范围，也不应“削足适履”，简单地用旧制度套用新业务，而是要尊重规律，着眼长远发展，最大限度地减少政府监管带来的市场扭曲。

（二）坚持公平竞争的原则，支持“互联网+”的深化

当前“互联网 +”新业态、新模式层出不穷，是我国新经济发展的希望所在，但也对线下传统业态形成巨大压力，冲击相对固化的传统利益格局。让市场机制发挥作用，促进线上线下一体化发展和公平竞争，关键是要站在社会利益最大化的立场，不卷入不同类型主体间的利益纷争，把握好服务质量、网络安全两个底线，把握好改革推进力度、市场冲击承受度两个程度，主动打破传统产业行政垄断制度，支持由市场创新推动新旧动能转换，同时防范放松行政垄断监管后又走向新的市场垄断。另外，由于市场创新的速度总是领先于监管政策的制定，在新业态发展初期，很多事情尚未定型或难以看清楚，线上线下利益冲突错综复杂，产业边界也在不断游动，监管部门要给“互联网 +”的创新留出市场发展空间和试错容错期。

（三）在加强部门间、层级间和区域间监管协作的基础上，进一步整合监管资源

互联网全面渗透到各个领域，模糊了产业边界和职责分工，监管

体制机制改革已势在必行。国际上看，主要涉及传统业态监管部门和互联网监管部门，由监管部门协商签署合作备忘录等，确定部门职责和横向协作配合机制。从国内近期实践看，对新业态的管理职责分工主要由传统线下部门牵头负责制定监管制度，包括新业态的准入制度、业务规范和消费者保护等，其他部门如互联网行业主管部门负责网站备案、网络系统安全以及配合停止网络接入等，内容管理部门负责信息安全，安全管理部门负责打击新业态相关犯罪活动等。建议在过去加强部门协调、层级协调、区域协调的基础上，进一步加强国家监管资源的整合，包括横向整合部门间的监管资源，减少重复监管、多头监管，如针对网络业务融合的特点，对网络内容的分行业监管进行合并；纵向整合分散的监管资源，提高监管的效能，如针对网络活动跨地域的特点，适度增加国家层级的监管力量。

（四）发挥网络平台的作用，形成政府、企业和网民等利益相关方共同参与的治理格局

互联网的一个重要特征是开放、共享、全民参与。针对互联网“少数大型平台 + 众多商家 + 众多网民”的主流产业组织模式，监管部门要抓住大型网络平台的独特产业地位和信息汇聚优势，倡导政府与平台合作监管，各尽其责；推动网络平台与入驻企业通过商业合同约束，规范入驻企业经营行为，履行合理注意和执法协助义务；规范网民点评的商业模式，依靠消费者评价促进企业信用建设；建立用户投诉渠道，维护消费者权益。同时，政府要推进政务公开，在保障安全的前提下，把政府手里掌握的企业资质信息、执法信息、信用信息等数据向网络平台开放，助力平台内生治理和市场信用体系建设，推动市场主体自我约束。此外，要在监管规则制定、执行和评估等各个方面引

入公众参与，维护政府监管的民主性和科学性。

（五）加强政府与企业间合作，利用大数据、人工智能等先进技术支撑监管和服务的精准化

互联网淡化了网络提供主体的地理属性，市场主体的注册地、网络接入地、服务发生地等相互分离，要实现以网制网，必须借助大数据、人工智能等先进的辅助技术手段，使线上主体由隐形走向显形，由虚拟走向实体，将看不见的网络监管转变成可视、可查、可控，实现对网络市场的动态有效监管。同时，大力推行“互联网＋政务服务”，实现网上申报、网上流转、网上审批、电子证照等新型政务模式，将传统的“面对面”服务转变为“键对键”服务，让“数据多跑路，群众少跑腿”，不断提高政务效率。但在政府加强技术手段的途径上，并不是自己去投资建设和运营系统，而是要尽量通过政企合作和采购服务的方式，充分利用企业的设施、服务和能力，紧跟技术创新的步伐，不断提升监管和服务水平。

执笔：马 骏 马 源

破除电动汽车行业地方保护的建议

地方政府积极发展电动汽车的很多做法已经扭曲为地方保护和市场分割，并进而成为制约电动汽车可持续发展的重大障碍。地方保护的形式很多，如以市场换取或要求外地企业在当地设厂，只给本地企业提供补贴，制定地方标准以保护本地企业等。建议从建设全国统一市场、打造电动汽车全国大品牌出发，加快破除地方保护。可考虑取消地方补贴，同时加快推出新能源汽车积分管理办法以弥补补贴减少后对电动汽车的影响。要加强国家标准的权威性和制定过程的公开性。改革汽车行业税制，逐步提高汽车使用和保有环节税负，降低生产和购买环节税负，从根本上削弱地方抓生产侧的积极性。

汽车产业包括新兴的电动汽车一直很受各级政府关注，这与其产业链条长、对经济带动作用大有关。如 2016 年三季度中国规模以上工业增加值同比增长 6%，其中汽车工业贡献了近 0.9% 个百分点。在汽车工业中，电动汽车产量占全部汽车的比重虽然还只占 1.72%，但增速非常快，同比增长接近 100%，电动汽车产业已成为很多地方非常热衷的项目。为发展电动汽车，地方政府出钱、出地、给市场，打造配套环境，全方位招商引资，一方面确实在扶持本地产业、支持本地企业、市场推广等方面起了很强的推动作用；另一方面也必然带来更加严重的地方保护，破坏了全国统一市场，不利于形成全国和全球性大品牌，区域分割更加严重，产业小而散的情况更加突出，企业和政府相互被绑架，产业生态遭到严重破坏，破除地方保护迫在眉捷。

现在一些地方和企业也越来越认识到，地方保护从长期来看对自己也有很大伤害，一些在本地受到关照的企业，到别处往往也会受到不公平待遇。现在的问题是，少有地方愿意率先破除地方支持和保护，担心会因此被别的地方抢了资源。要在电动汽车领域打破这个怪圈，亟须找到关键节点，在制度上寻求突破。

一、电动汽车行业地方保护的主要做法

地方对产业发展进行一定支持是比较常见的做法，但过度支持就是保护，不利于产业和地区的长期发展。从地方出台文件和实际实施来看，地方壁垒最严重的地区往往是发展和推广电动汽车较积极的地区。积极型城市的措施花样很多，通过对 2013 年以来各地方政府颁布的新能源汽车推广应用相关政策进行分解，大致包括地方目录和地方标准、补贴、在本地设立法人单位、技术路线和认证等方面。

（一）要求在本地设立法人单位和建立工厂

为支持电动汽车早期推广，中央与地方财政对电动汽车企业根据其产品不同提供不同程度的补贴，早期有的纯电动客车的单车补贴高达 100 万元，其中地方承担 50 万元。为了不让肥水外流，很多地方要求拿补贴的企业必须在本地注册或本地建厂，否则不给地方补贴。

表1　各城市支持或保护电动汽车的政策列表

城市	（一）要求在本地设立法人单位	（二）地方标准高于国家标准	（三）无补贴细则或操作困难	（四）补贴申领手续烦琐	（五）技术路线选择地域色彩明显	（六）采购本地零部件企业产品	（七）地方目录/备案	（八）补贴对等要求	（九）重复检测	（十）非技术性指标
北京	■	■			■		■		■	
上海	■									■
天津										
重庆							■			
潍坊		■		■				■		
青岛	■						■			
广州										■
深圳	■		■							
南京		■								
厦门	■					■				
西安		■					■	■		
武汉							■			
长沙			■							
海口				■			■			■
九江	■		■	■						
南昌	■		■							
金华	■		■							■

续表

城市	（一）要求在本地设立法人单位	（二）地方标准高于国家标准	（三）无补贴细则或操作困难	（四）补贴申领手续烦琐	（五）技术路线选择地域色彩明显	（六）采购本地零部件企业产品	（七）地方目录/备案	（八）补贴对等要求	（九）重复检测	（十）非技术性指标
杭州	■	■		■			■			
宁波	■									
沈阳							■			
泸州	■	■	■				■			
昆明			■							
成都			■	■						
合肥			■							
郑州			■							
贵阳			■							
赣州			■							

注：表中灰色底纹单元格表示有此类政策，白色底纹单元格表示无此类政策。但由于地方保护具有隐蔽性，有些并不体现在公开政策中，而是通过口头传达，因此实际地方保护的做法要超过表中所列。

地方补贴已成为一些地方招商引资的主要手段。如某市的文件中明确规定，能够获得补贴的企业必须是“注册在本市的整车生产企业，或非本市整车生产企业在本市注册的具有独立法人资格的全资销售子公司（以下简称整车生产企业或其全资销售子公司），注册资金不低于5000万元；注册在本市的经备案的充电设施运营企业，注册资金不低于5000万元”。为了满足这个规定，很多整车厂就到处设立工厂，而这个本地化的整车厂要么就只是个组装厂，要么就是个一生下来就开工不足的工厂，产量规模上不去，成本下不来，有些企业甚至没有办法，变成了“倒爷”，拉着新车到各地充数，以满足本地制造的要求。

（二）以超国标的指标或特定的技术要求设立准入门槛

全国统一市场形成的关键是要有行业的全国标准，不能每个地方都有自己的标准，否则会让生产企业无所适从。但一些地方为了支持本地制造的汽车，量身定制一些本地标准，以此限制外产汽车进入本地市场。如有的地方以采用高于国标的指标为本地市场准入门槛，名义上是为了选择更优的产品，但由于地方指标带有明显的倾向性，实则是为本地企业量身定制，也剥夺了消费者的选择权。还有的地方在国标的基础上另行增加一些技术指标，由于汽车产品改动周期相对较长，在一定程度上限制了一些厂商的进入。各地标准不同，不仅导致单一产品很难形成规模化，而且也必然造成充电设施不能互联互通，让电动汽车消费变得更加不方便。

现在让各方比较担心的是，一些地方以技术路线的名义，设置不合理的障碍，实质目的是很“精准”地把具有竞争力的外地产品挡在本地市场之外，从而使得本地企业可以占得大量市场份额，消费者失去选择余地。

（三）对外地企业在本地拿补贴设置障碍

有些城市，尽管公布了新能源汽车有关的补贴支持政策，但是没有配套政策细则或者临近推广应用期结束才发布细则，让外地企业无法实际操作只能放弃，而本地企业则可以暗地里享受地方补贴。如一个城市 2015 年 9 月 26 日发布补贴办法，而有效期仅到 2015 年 12 月 31 日，且提出了设立本地企业、配备维修网点等具体要求。对于外地企业来说，仅剩三个月的时间很难完成，也就无法拿到地方补贴。

（四）要求采购本地零部件企业产品

许多城市在政策中明确提出，对要获得补贴的新能源汽车必须配套本地零部件企业的产品。车企为推销汽车而不得不进行配套，增加了调试和测试时间和费用不说，在当前新能源汽车安全检测体系不完善的情况下，仓促更换零部件也容易出现安全隐患。

（五）设立地方目录和地方标准

尽管国家明确提出不得设立地方目录和地方标准，但实际上地方目录和地方标准是地方政府限制准入的最直接手段。一方面可以通过提高地方标准，对产品提出更高的质量要求，让企业望而却步；但另一方面，也掐断了合法的外来者进入本地市场的机会。有些地方虽然明里取消了目录，但仍对新能源汽车采取备案制，对企业提出的要求包括在本地注册或者委托销售机构、设立 4S 店、销售指标等具体要求。但备案过程烦琐，周期较长，且只有备案通过的才可以在本地销售，也等同于地方目录的效力。

二、电动汽车行业破除地方保护的建议

（一）取消地方财政对厂商的直接补贴，将地方资金更多用于支持使用保障

中央财政已明确从 2016 年开始逐步减少补贴，到 2020 年不再提供补贴。基于电池等电动汽车技术进步，整车成本已在大幅大降，电动汽车应尽早地由依赖补贴转向市场驱动。考虑到长期补贴必然会带来骗补和产品定价扭曲等问题，更重要的是，地方保护的根源又都与地方补贴有关，因此建议从 2017 年起就取消地方对汽车厂商的直接补贴，斩断地方保护根源。地方资金支持主要用于构建良好的新能源汽车应用环境，如支持基础设施建设、补贴电费、停车费等，将资金真正用于需方即新能源汽车使用者。

（二）加快研究出台新能源汽车积分管理办法

在国补、地补减少直到取消的情况下，比较现实的配套跟进措施就是实行积分管理办法，以此来让燃油车企业给新能源车企业提供交叉补贴，政府财政得以解放，对车企的激励与约束方向更加明确。在研究积分管理办法时，要特别注意防止积分管埋被扭曲为新的地方保护措施，特别是一些有汽车整车厂的地方，为了让本地车厂达到积分要求，很可能会因此限制外地产品销售，这种可能性是存在的。要在积分管理办法中制定相应的处罚措施。

（三）强化国家标准的权威性和制定过程的公开性

汽车产品标准和充电设施标准是形成全国统一大市场的基础性标

准，不同企业可以有不同的技术选择，但必须遵守统一的标准要求。在这些底层标准上，不应再允许地方在国家标准之外出台和实施地方性标准。要防止在电动汽车领域出现手机行业发生的充电不兼容等情况。应将鼓励地方和企业先行先试与建立全国统一市场、实现互联互通有机结合起来，不能让先行成为统一的障碍。应进一步改革汽车行业的标准制定和形成机制，增加产学研多方参与性和不同方面的代表性，确保制定过程的透明度，防止利益串通，防止政府被少数企业绑架，防止闭门造车导致标准脱离实际。

（四）确保现有政策落实，研究制定问责制度

为减少地方保护对我国新能源汽车市场发展的割裂作用，推进建设统一开放、有序竞争的新能源汽车市场，国务院和四部委均发文在破除地方保护上做出过明确规定。如国务院在《国务院办公厅关于加快新能源汽车推广应用的指导意见》（2014 年 35 号）中明确提出要“坚决清理取消各地区不利于新能源汽车市场发展的违规政策措施”，并提出具体要求包括：不得出台地方标准和目录、不得重复检验、不得要求车企采购本地企业生产的电池电机等零部件、不得要求车企在本地设厂、限制或变相限制消费者购买外地及某类新能源汽车。现在的问题是如果地方不按照上述要求，那该如何办？可行的跟进办法是将要求进一步细则化，并加强监管和问责。如对地方政府涉及市场准入、产业发展、招商引资、招标投标、政府采购、经营行为规范、资质标准等方面有违反市场公平竞争的，应当给予包括经济、行政方面的处罚，并向社会公示，同时将此类事项纳入对党政干部的问责体系。

（五）研究调整汽车行业的税制结构

不合理的税制是滋生地方保护的根源，汽车行业之所以受到地方重视原因之一就是我国对汽车采用生产环节征税，一个汽车厂一旦在一个地方落地或者扩大产能，对地方税收贡献非常大。据初步统计，地方政府能从汽车制造环节获得 21% 的税收，在使用环节获得 7% 的税收。这种重生产环节征税轻使用环节的制度加剧了地方对本地生产的要求。而在发达国家正好相反，其汽车产业的税收，购买环节的税费只占整体税收的 30%，而保有和应用环节则要占 70%，因此这些国家的各级政府更多的是支持在本地销售而不是在本地生产。我国在汽车生产购置环节的税种包括增值税、消费税、车辆购置税等，在使用环节只有车船税和成品油消费税，且都非常低。建议逐步提高汽车使用和保有环节税负，降低生产和购买环节税负，从而削弱地方抓生产侧的积极性。

执笔：张永伟

高清电视智能化创新需要融合、重构与突破

高清电视从问世就面临着来自行业内外的激烈竞争。高清电视拥有成为智能终端的基本条件和独特优势，未来创新的一个方向是成为智能终端。面对通信和信息领域的挑战，高清电视智能化创新的重点不再是单向技术突破，而是发挥后发优势与其他智能终端业务深度融合，并重构行业生态系统，突破点在于芯片。围绕高清智能电视业务，电视芯片行业也将衍生出更多应用领域，芯片的定制化服务将越来越普遍。高清电视行业是我国新一代信息技术等战略新兴产业的重要应用领域。政府可从完善行业创新环境的角度给予支持和引导，包括改革相关管理体制促进业务融合发展，允许更多社会资本进入促进产业生态系统发展以及建立高清智能电视芯片研发平台。

高清电视领域的技术创新目前多集中于视听性能的提升。在宽带通信网、数字电视网、下一代互联网“三网”融合的大趋势下，高清电视机具备成为智能终端的条件。

一、高清电视行业创新的一个方向是成为智能终端

高清电视是具有高清显示特性的数字电视，采用的是最高标准的数字电视技术，虽然视听性能有了较大提升，但本质仍然是显示播放视频和音频的终端设备。

高清电视可以成为智能终端。智能终端同样具备显示和播放功能，与高清电视的主要不同在于搭载了智能操作系统，可以通过输送、存储和处理信息数据实现人机交互。有些电视也具备了智能化的功能，并有了一定的市场应用。智能电视统称为可以连接电脑的电视。看电视的人不再被动接受电视信号，可以点播电视节目、管理电视菜单、操作游戏、对节目进行评价。有的智能电视内部安装有强大的平台系统，具有个人计算机（PC）的主要功能。

高清电视具备成为智能终端的独特优势。一是高清电视的视听性能更优异。显示和播放是智能终端的基本功能。高清电视的优势十分明显，可以实现高清、超高清显示和极为逼真的立体声播放。这一点不是手机、电脑等其他智能终端所能比拟的。二是高清电视屏幕尺寸较大。高清电视屏幕尺寸有多种规格，与其他智能终端相比更灵活，能够满足清晰化的显示需求。三是高清电视存储容量较大。高清电视因体积的先天优势，可以内置大容量的存储系统，并因此具有更大的存储功能和更强的计算功能。基于强大的存储和运算能力的大容量是电视功能智能化的基本条件，可以让高清电视成为与电脑功能相近的智能终端。

智能化正在成为电视进入数字化、高清化时代后的下一个发展方向。高清电视如果能够充分发挥高清化、大容量和大屏幕的独特优势，

将很有可能发展成为全新类型的智能终端，应用功能将更加“人性”化。百姓可以像操作电脑那样操作电视。

二、高清电视智能化创新需要业务融合、生态重构与芯片突破

（一）高清电视行业的智能化创新具有后发优势，可借助与其他智能终端的业务融合升级为高清智能电视

高清电视的智能化创新具有后发优势。高清电视从诞生就面临着激烈的竞争，不仅是行业内制造厂家之间的竞争，还有与具备相似视听功能的各类智能终端的竞争。一个值得关注的变化是，这些智能终端日新月异的变化也大大拓展了高清电视的创新视野。既然具备了成为智能终端的条件和优势，高清电视行业就可以发挥后发优势，借鉴手机、电脑等智能终端的发展路径与业务模式来设计未来的智能化功能，并着重凸显高清化、大容量和大屏幕的独特优势，将其转化为后来者的竞争能力。

高清智能电视将可以与一切可移动、不可移动的智能终端相连，并以多样化的显示形态存在于一切需要的场所，具有很大的发展潜力。一是高清智能电视机更为扁平化和轻量化，将以不同规格、不同形状显示屏幕的形态存在于一切可以想象的场所。例如以可大可小、可直可曲的形态嵌挂在办公室玻璃墙上、办公桌上、飞机或汽车玻璃上以及家庭和公共场所任何需要的地方，让人随手可触。二是硬件分立。高清智能电视机将由一体机向分体式转变，实现电视显示屏、电视主机与电视音响的分立。三是电视机“盒子”内将配置具有超强存储和计算功能的 CPU，并嵌入一个类似于苹果、Android 等手机智能操作系统的软件下载和管理平台。高清智能电视具备数据集成和处理能

力，并在某些领域对其他智能终端形成替代。四是高清智能电视业务的性质将从看节目、玩游戏等娱乐型拓展到信息管理型。使用者以手触屏幕、遥控等方式，通过高清电视的智能平台管理娱乐节目、管理其他信息家电，还能管理教育、交通、办公、健康等任何可以通过软件下载到电视平台上的信息服务。五是高清智能电视的硬件性能得到大幅度提升。使用者对高清智能电视的视听效果有更高要求，尤其是在航空、航海等专业领域，电视机的图像和声音将向超清晰化发展，电视硬件也会具有较大升级空间。六是高清智能电视能与一切可以联网的终端相连，电视的应用市场将具有非常大的拓展性。因为外观改进、性能提升以及 CPU 配置，电视将可以与手机、电脑、可穿戴设备等其他智能终端以及家电等其他电器设备互联互通，应用领域也将从家庭固定终端拓展到手持终端、非手持移动终端（如车载、飞机载、航空航天航海等领域）以及除家庭之外的其他固定终端。详见图 1。

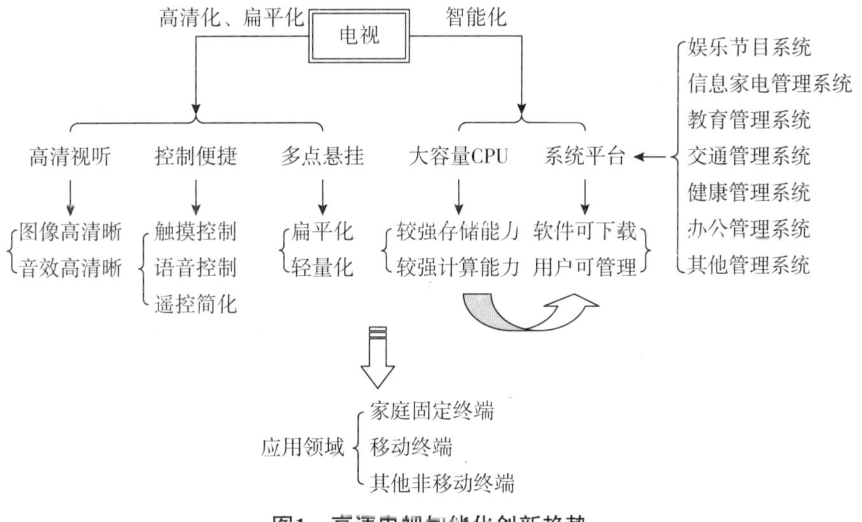

图1　高清电视智能化创新趋势

高清电视的智能化创新离不开与其他智能终端的业务融合。在智能终端领域，高清电视行业是后来者，手机、电脑、IPAD、可穿戴设备以及其他专业化的终端设备都已经拥有了成熟的智能功能和专有的业务领域。这体现了先进入者的先发优势。高清电视的智能化创新应与这些智能终端的业务深度融合。一是作为智能终端领域的后来者，高清电视实现与其他智能终端的联通，本身即是智能化的创新，并能够以自身优势集聚多领域的智能应用，实现本行业智能业务的快速普及。二是高清智能电视如此丰富的智能业务只能通过与其他智能终端的业务融合才能实现。就像电脑、手机等智能终端通过与电视业务融合而对电视形成一定程度替代一样，高清电视也要通过业务的深度融合才能面对来自其他行业的竞争。而且，高清智能电视虽然也可以独立开展智能业务，但很难实现业务的专业化和丰富化，如果与其他智能终端实现融合，则可以同时拓展智能业务的深度和广度，从而具备在智能终端领域的竞争力。

（二）高清电视行业的生态系统面临重构

根据当前智能终端的发展规律，可以预见智能电视将重构业务生态系统。

未来的电视生态系统可能包括的主体：一是类似于手机产业链中的苹果公司和三星公司，高清智能电视产业链将产生系统集成商。系统集成商主要负责产品研发、设计、标准制定和大规模定制等。二是所有可以与电视系统联网的信息家电、移动终端设备、电脑等的终端设备网络综合服务商将会出现。网络综合服务商所服务的网络将是一个集成了来自不同渠道的信息数据的高级计算平台，服务的内容是对数据进行分析、加工和处理，服务的方式是基于云计算的“多对多”服务，体现了互联网与物联网的充分融合。三是软件服务商和硬件定制商将有较大发展空间。今后的高清智能电视软、硬件都会发生变化，各种软、硬件供应商负责软、硬件的开发、生产和维护，其中包括有可能成为定制工厂的电视制造厂商。四是电视节目可能按照不同类型进一步细分，并产生不同类型的节目运营商。娱乐性质的节目播放仍然是电视的主要业务之一，但不同类型的电视节目运营商也必不可少。五是其他主体。未来的电视系统将设计有多个接口，实现与其他智能终端的便利对接，围绕业务融合还可能产生其他的行业主体。详见图2。

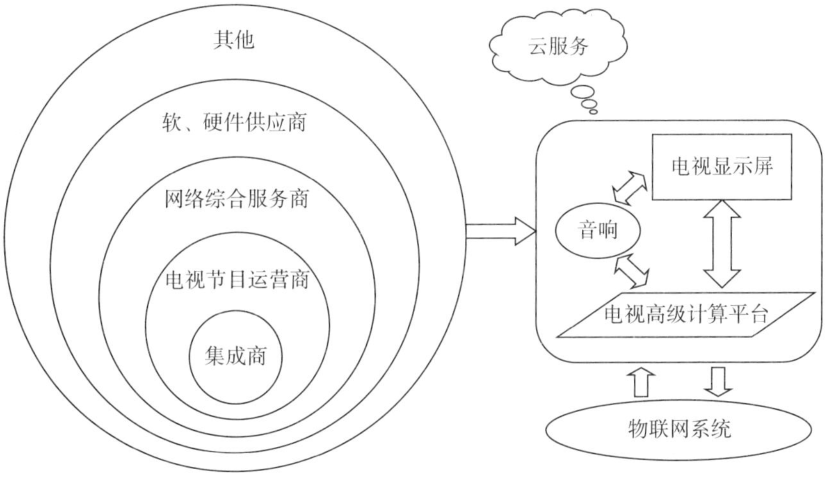

图2　高清智能电视行业的生态系统

（三）高清电视智能化创新的突破点在于芯片

芯片是集成电路的载体，在很大程度上决定了高清电视的显示和播放性能以及智能化业务功能，却是目前电视行业的发展短板。

根据高清电视智能化创新的趋势，未来的电视芯片将具有“五化”特点，即视听触一体化、芯片性能标准化、主机芯片整体功能平台化、芯片不同功能模块化、芯片功能需求定制化。未来，电视不仅具有视、听功能，还将具有触摸功能，相关芯片也要集视、听、触功能一体化；电视可与各类智能终端链接，内部构造也将实现模块化，标准化是必然趋势；高清电视智能化发展需要拥有强大的数据存储和计算功能，就像目前的智能手机一样需要建立一个软件系统平台，电视主机芯片的整体功能将向平台化演进；同一块电视芯片也拥有不同功能，芯片不同功能将以模块形式实现，不同功能模块组合后将产生不同功能的芯片；电视芯片需要具有何种功能，由电视业务的集成商根据市场需求定制。详见图 3。

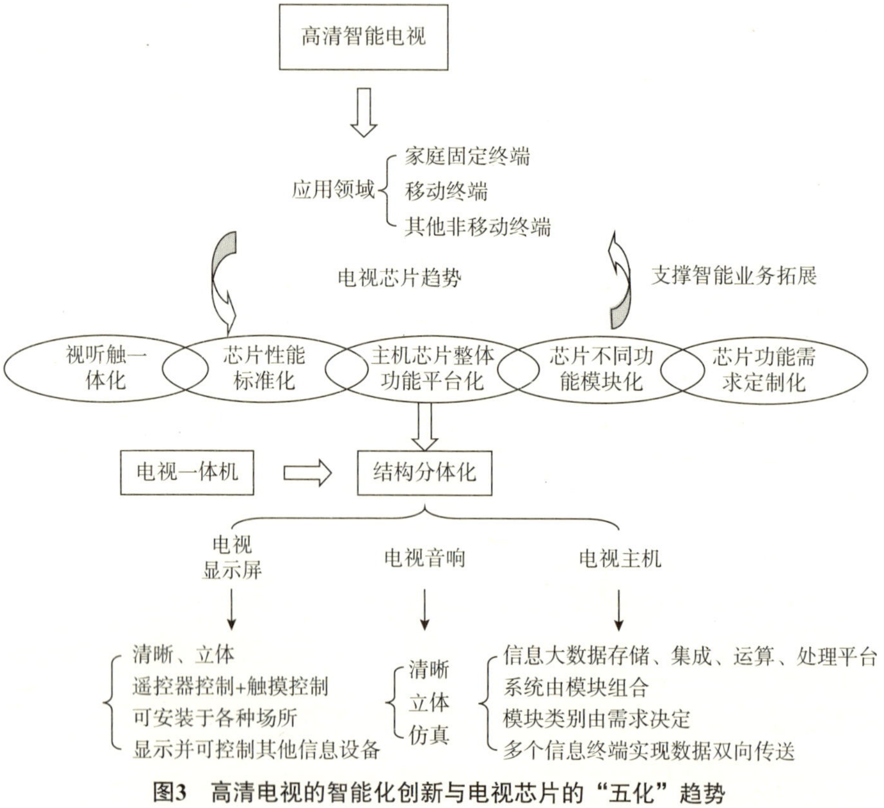

图3 高清电视的智能化创新与电视芯片的“五化”趋势

围绕高清智能电视业务，电视芯片行业也将衍生出更多应用领域。拓展的方向：一是连接型芯片，应用于能与高清智能电视链接的可联网、可移动、低功耗终端设备的芯片，例如可穿戴设备、车载设备（包括无人驾驶汽车）、机载设备（包括无人驾驶飞机）、航天航空航海设备、电视机遥控器、投影仪、信息家电等；二是传感器芯片，应用于可以与高清智能电视系统链接的物联网系统和各种移动终端的传感器芯片；三是管理型芯片，应用于教育、出行、健康、办公等管理领域的芯片；四是智慧型芯片，应用于智慧城市、智慧交通、智慧农业等领域的芯片。

芯片的定制化服务将越来越普遍。芯片的标准化和模块化让电视业务定制成为可能。未来的电视业务，将由电视生态系统里的集成商根据市场需求设计，实现方式是将标准化的功能模块集成。可定制的电视业务更贴近市场需求，能对需求快速响应，而且因标准化和模块化的实现也不会产生过高成本。今后电视芯片的定制化服务会越来越普遍。同时，芯片功能集成基于独有的标准和设计，具有较强灵活性、独特性和排他性，也将成为电视业务竞争的主要领域。具体见图4。

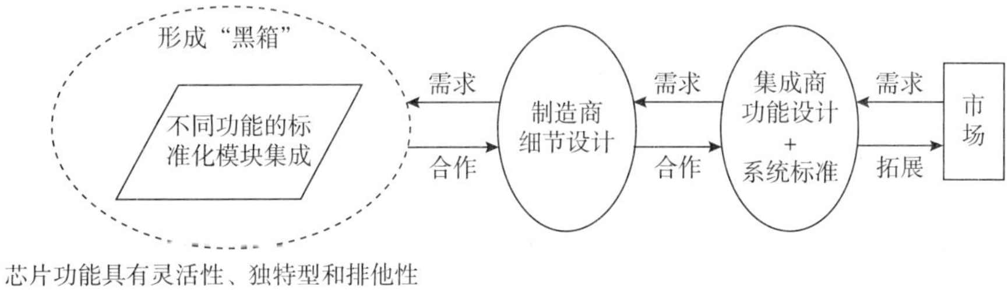

图4　电视芯片的定制服务

三、政策建议

（一）改革相关管理体制促进业务融合发展

当前通信与广播分行业监管的体制不能适应业务融合发展的需

要。一是行业之间不能相互进入，阻碍了行业融合发展；二是广播电视行业的市场保护不利于行业创新，这也是电视创新远不及其他终端的重要原因。行业创新势在必行，相关的管理体制改革也要与之同步推进。一是改变体制差异、监管分类、政企不分的现状，突破不同网管领域的排他性政策，建立公平、统一、专业的全国性“三网”融合监管体制；二是适度放开牌照管制，适应电视业务与其他智能终端业务融合大趋势下的内容服务多元化需求；三是完善制度环境，规范智能业务发展，包括尽快出台“三网”融合的国家标准、修订相关条例等；四是明确不同网管主体的责权利定位，设计利益分成协议和网间结算规则。

（二）允许更多社会资本进入促进产业生态系统发展

资本投资对形成有竞争力的产业生态发挥关键作用。我国的高清电视行业近年来的发展卓有成效，其中有国有资本，也有民营资本。但从产业链看，电视行业在许多环节存在进入限制，只有放松资本进入的管制，才能形成创新竞争力。如果国家需要保留对该行业的控制，至少应允许各种形式的国有资本进入。好处有三：一是把握国资改革的大方向，实现国有资本的升值；二是寻找合适的合作伙伴，降低高清电视高端产品的研发投入的风险概率；三是在全国重新布局高清电视业务，加速行业转型升级。

（三）建立高清智能电视芯片研发平台

智能电视的芯片开发总体上落后于手机等智能终端。我国是电视消费大国，市场潜力巨大，但电视芯片主要依赖外资企业。建立面向未来的高清智能电视芯片研发平台是实现我国高清电视智能化创新的关键，还可以成为我国芯片行业自主创新的重要突破。我国对芯片行业创新投入了大量资源，现在已成为全球芯片专利申请第一大国，但依然不能实现高端自给。建立智能电视芯片研发平台，应首先面向未来的智能电视创新需求，通过有针对性的超前研发，在未来领域实现“弯道超车”。研发平台要集聚智能电视芯片不同环节的优势资源，通过整个业务链的同步创新、合作创新，实现研发与需求匹配、设计与制造匹配、技术与工艺匹配。

执笔：周健奇

“互联网 +”时代创意产业的版权保护

“互联网 +”时代下创意产业的新发展对版权保护提出了新的需求，即不仅需要“有效保护”的版权，更需要可以“便利应用”的版权流转机制。前者在我国有改进空间，后者在政府层面尚未得到关注。结合国内发展情况和国际经验，要引领“互联网 +”在全球的发展，我国不仅应当继续完善版权的“有效保护”，即及时因应产业和创新的需要调整保护范围、认定新的侵权方式，适当提高侵权惩罚力度；更加应当注重拓展版权“便利应用”机制，即扩大合理使用和强制许可的范围、推动版权快速流转机制的探索和尝试、推广知识共享协议的使用。

版权是为创意产业的天才之火添加的利益之油，我国近年来一直在通过多种方式不断强化版权保护。在“互联网 +”蓬勃发展的今天，通过调研本国创意产业和国际发展趋势，我们发现，“互联网 +”时代的天才之火呼唤特别的利益之油，即不仅需要“有效保护”的版权，更需要可以“便利应用”的版权流转机制。前者在我国有改进空间，后者在政府层面尚未得到关注。

一、“互联网 +”时代创意产业的新发展带来对版权体系的新需求

随着“互联网 +”的兴起，创意产业在国内发展迅速。据统计，2014 年在经济下行压力明显的情况下，文化产业的增长速度仍为 12.5%，高于 GDP 的增长。游戏产业五年复合增速高达 33.3%。电影产业五年复合增速已达 35%。近年来我国电影、视频出口快速增长，占全球规模的 16%。2015 年，我国自主研发网游海外出口实际销售收入达到 53.1 亿美元，同比增长 72.4%。

（一）蓬勃发展的技术和产业呼唤更有效的版权保护

首先是版权保护范围需要根据产业发展及时调整。例如体育赛事转播画面、游戏画面是否构成版权主体在我国法律中没有明确规定，司法界与学术界对于体育赛事节目是否构成作品、构成何种作品以及体育赛事网络转播落入著作权何种权能的控制范围等问题，尚未完全形成统一认识。投资巨大的网络体育赛事产业面临法律风险，实践中与体育赛事转播相关的侵权行为也越来越多。

其次是互联网环境下层出不穷的新的侵权方式需要及时得到认定。互联网的普及使得盗版更易发生和传播，腾讯近些年单监控到的视频侵权链接数量在 50 万以上，直接损失几十亿元；数字音乐侵权链接数量达到百万以上，游戏近三年累计投诉维权侵权下架侵权链接 6 万多条，动漫 1 万条以上[①]。技术的发展使得侵权方式不断更新。例如移动视频聚合软件未经权利人许可擅自通过定向搜索聚合

① 腾讯公司提供的数据。

技术连接聚合其他公司的优质资源以吸引用户，不显示或者简单显示视频来源，在视频播放时不进行网页跳转或者简单跳转，就可以在聚合软件内为用户提供视频的浏览、播放甚至下载[①]。网络云盘也被认为成为新侵权模式的中心[②]。大量视频、音乐、小说等内容被在未经权利人许可的情况下上传至各类云盘，供网络用户观看、下载以及转发分享。

（二）"互联网+"需要更为便捷的版权流转机制

一是"互联网+"时代创新的使用方式、传播途径和更新周期最突出特点就是"快"。传统的版权流转机制费时长，"量大面广小标的，分散隐蔽效率低"，难以满足这种新特点下的使用、传播和创新更新的需求。二是众多普通用户原创涌现，成为"互联网+"时代创新的重要模式。这些普通原创者更在意版权的快速全网变现。烦琐耗时的传统版权流转机制既无法满足普通原创者快速变现的需求，难以及时充分地发挥激励创新的作用，也是造成盗版大面积发生的一个原因。便捷的版权流转机制可以通过几种不同的方式来实现。一是快捷的版权交易机制，二是通过对版权权利人的权利施加一定的限制，通过强制许可或者默示许可来允许版权使用人在不经权利人同意时也可以使用，从而能够使得版权的流转更加快捷。

---

① 刘青，田小军，"移动视频聚合应用的法律问题"，《互联网+时代的立法与公共政策》，腾讯研究院著，法律出版社2016年版，第329页。

② 司晓，刘政操，"网络云盘版权侵权问题及规制对策"，《互联网+时代的立法与公共政策》，腾讯研究院著，法律出版社2016年版，第339～341页。

二、我国现有实践经验

政府认识到创意产业的蓬勃发展对于版权有效保护的需求，近年来一直通过行政手段推动版权保护的强化；业界对于版权便捷流转的需求有更深的感受，因而有了自发的探索和尝试。

（一）以行政手段为主推动版权保护的强化

2015年，国家先后作出一系列重大部署，强化知识产权保护工作。这些工作包括国务院办公厅下发的《深入实施国家知识产权战略行动计划的通知》《关于加强互联网领域侵权假冒行为治理的意见》，国务院印发的《关于积极推进“互联网+行动的指导意见》《关于新形势下加快知识产权强国建设的若干意见》等。此外，《中华人民共和国刑法修正案（九）》增加了对著作权保护的重要条款，国家版权局出台《关于规范网络转载版权秩序的通知》《关于责令网络音乐服务商停止未经授权传播音乐作品的通知》《关于规范网盘服务版权秩序的通知》等文件进一步细化版权保护规定。

行政保护力量加强。国家版权局针对网络音乐、网络云存储、网络视频、网络转载、移动APP等监管重点，采取不同方案应对。2010 ~ 2014年，版权局启动了视频网站重点监管工作。2015年“剑网行动”严厉打击未经许可传播网络音乐作品的侵权盗版行为。全国各地共查处行政案件383件，行政罚款450万元，涉案金额3845万元，关闭网站13家。同时，版权局加大打击网络文学作品侵权盗版力度，试图构建网络文学版权保护的长效机制。监管部门组织引导重点互联网企业开展自查自纠，责令问题企业限期整改。进一步构建快速有效的“通知–移除侵权”工作机制，对侵权盗版行为迅速核查、移除。建立常态化的联合挂牌监督机制，定期联合督办重点案件。

但是这些以行政手段为主导的强化保护无法满足“互联网+”时代对“有效保护”在立法和司法方面的需求，即保护范围和新的侵权方式认定方面的调整和变化。

（二）市场自发推动版权“便捷流转”机制

为满足“互联网+”时代对版权“便捷流转”的需求，“版权印”这种新的版权流转方式得以产生。互联网快速授权平台通过商业模式和技术创新，以国版交易中心多年积累的“版权印”机制为实现原理，通过海量、微利、快速授权来提高互联网正版内容的传播力，将传播通道变为授权通道，实现对内容的“所见即可用，即用即授权”的一键式交易。此外，基于“版权印”机制，版权云还提供了一套“物联网复合数字出版整体解决方案”，即“一书一印”方案。版权印在“一书一印”中会外化为二维码或RFID标签，附在出版的图书上，以便于机器识读。通过“一书一印”可以帮助传统出版行业有效地保护版权；建立交互模式以实现更好的增值服务；开展图书直销，按需印制，零库存发行；把握整个图书行业的销售动态、趋势，进入数据营销时代；建立更高效的地区性、甚至全国性的图书销售、分销管理体系，对销售情况快速反应，从根本上改变传统出版形态。

但这种市场自发产生的快捷流转机制由于市场分割等多种原因目前适用范围有限，有必要借鉴国际经验，从制度等多方面创造便利版权流转的大环境。

三、国际经验：有效保护和便利应用并行

（一）普遍关注有效保护

各国普遍扩大保护范围。美国1995年《录音制品数字表演权法案》确认了音乐版权人在数字环境下的著作权。1998年《千年版权法》将保护的范围扩大，使之包括音乐、软件、文本等在网络上出版的产品。韩国1986年《版权法》特地强调了领接权，赋予表演者、录音制品制作者、广播组织相关权利，有利于他们进一步对作品进行传播。之后韩国还引入了传输权，即作者有排他的传输其作品或者将其作品在任何时间、地点提供给公众的权利。印度方面在2000年和2012年先后通过《信息技术法》和《2012年版权法》，只要以传播复制件的行为让大众接触到——无论是看、听还是以其他的方式——著作权保护作品，都将被视为向大众传播该类作品，事实上是通过将版权保护范围扩大来对数字版权进行保护。

美国拓宽对侵权行为的认定。美国在《千年版权法》中开启了起诉数字版权侵权的先例，同时还扩大技术保护措施定义——包括渠道控制、秘钥、电子签名等。

韩国和印度都加重了侵权惩罚。印度《信息技术法》规定，如果一个人未经计算机所有人的允许，而在其上拷贝或者提取信息，那么他将有可能被要求支付不超过1000万卢比（将近100万人民币）的赔款。韩国特别加重了对于侵权行为的惩罚力度，以提高版权保护的有效性[①]。

① 金桢培（韩国文化观光部版权处处长）："数字环境下的韩国版权法"，载于《中国新闻出版报》，2007年7月19日。

（二）越来越重视“便利应用”

扩大“合理使用”和“强制许可”的范围，即对版权的使用不需要得到权利人同意的范围越来越广。图书馆对某些版权权利的免费使用是美国法规定的典型的合理使用的范围。2000年左右，美国增设了六种“合理使用”的情形，包括为了测试电脑系统的安全性能，非盈利的实验等。此外，美国和韩国都明确规定对非交互式数字音乐的传播不需要得到权利人许可，但要支付适当的经济报酬。

明确网络平台的安全港条款。美国《千年版权法》规定了安全港（safe harbor）条款，即网络版权侵权责任限制条款，以鼓励网络平台对内容的传播。网络服务提供商要获得责任限制的地位应当满足两个条件：第一，对于反复侵权的用户，网络服务提供商应当终止其账户；第二，网络服务提供商必须支持对于版权的保护。韩国在2006年对《版权法》进行修订的时候，着重强调了允许正规学校的现场教育进行在线传输，希望能借此推进网上教育。

加强数字版权的认证和流转。韩国建立了数字版权交易所，旨在为在数字环境下的版权交易提供更稳定、更可靠的交易平台。如：通过特殊的数字身份系统，将版权作品和数字一一对应，便于搜集和整理版权信息；推广在线版权许可合同，通过版权许可管理系统来实现一站式的解决版权持有人和使用人之间许可交易事项；建立“Find Copyright（寻找版权）”网站，使得版权使用者可以方便检索版权持有人，使版权持有人可以获得应得版权补偿。除以上之外，还有许多其他相应的项目例如“Universal Contents Identifier（全网内容搜索）”“the Software Escrow System（软件契约系统）”等一系列措施来推进韩国版权作品的应用。

推广知识共享协议。知识共享许可协议来自于知识共享组织，是近些年来为了降低作品著作权的授权壁垒而产生的一种自由版权协议。它通过给著作权人提供多种可以自由选择的条款组合，既使得大众能够使用创作者的作品，又能够保有著作权人的相应权利。2002年，第一版知识共享许可协议发布之后，便在美国产生了重大的影响，并陆续波及其他国家；其影响范围也逐渐扩大，到目前为止，该协议在科研界、文化界、教育界、公共政策方面均获得采用，并发挥着积极的作用。

四、创意产业版权保护的方向：便利应用与有效保护并行

我国当前对版权的行政保护手段非常注重，但在立法的精细化以及惩罚力度方面有待加强，在便利版权应用方面，除鼓励业界的尝试探索之外，也应从国家制度如版权权利的限制以及国家政策支持等方面入手，推动便捷的版权应用机制，从而更好地促进"互联网+"发展和创新。

（一）继续完善版权的"有效保护"

及时调整保护范围和侵权方式的有关立法。涉及版权保护范围和侵权行为认定的一些新问题在司法及行政保护实践中都有了解决方向。如体育赛事节目的版权保护在司法领域获得认可，网络云盘侵权问题在行政保护领域取得突破[①]，深度链接、内容聚合行为的违法性

① 国家版权局于2015年10月14日发布了《关于规范网盘服务版权秩序的通知》对"避风港规则"进行了进一步细化、完善，同时也对云盘的功能和使用进行了规范，其发布表明国家版权局逐渐收紧对云盘版权问题的监管。

也在司法案例中获得确认[①]。对于成文法系的我国来说，仅有实践中的这些尝试是不够的，需要推动在立法层面尽快明确在新时期版权的保护范围以及对新侵权方式的认定。

适当提高司法赔偿和行政处罚的额度。当前司法赔偿和行政处罚的额度都很低。据报道，一首歌的赔偿数额在 500 ~ 2000 元之间，相对于诉讼程序的长周期、高费用、低执行，这样的赔偿对于被侵权者来说得不偿失。行政查处的执行效率较高，但是目前行政处罚的最高限额是 25 万元。2014 年 8 月，广州市文化市场综合行政执法总队在对网易云音乐的突击执法检查中，查出涉嫌侵权音乐作品共 1542 部，依行政处罚顶限处以 25 万元罚款，平摊下来，每部作品罚款金额仅为 162 元 1 毛 7 分钱。这样的赔偿对于被侵权者付出的维权成本来说得不偿失，对于侵权者来说也起不到威慑和惩罚的作用。

（二）注重拓展版权“便利应用”机制

关注版权的有效保护可以更好地促进创新的产生，便利应用则可有助于创新的传播和使用，反过来激励创新的产生。“互联网 +”时代，创新如果不能及时得到传播和应用，版权将很快失去商业价值。因此，便利应用在“互联网 +”环境下具有更加重要的意义。

保护范围谨慎扩张的同时拓展合理使用的范围。我国版权保护范围在实践中已经开始得到谨慎扩张，但合理使用以及强制许可等方面的内容在本国制度建设上还没有得到充分及时的考量。国际经验中对合理使用及强制许可等方面的尝试我国应当充分予以吸收，建议对图

---

① 田小军等，“网络版权制度演化的现状、挑战与应对”，《中国版权》2016年第3期。搜狐诉迅雷案中，法院认定被告向用户提供了定向搜索、链接服务，并在未经许可的情形下通过技术手段获取被链接网站上的视频信息，扩大了涉案作品的传播范围。

书馆使用、数字音乐的许可模式等制度进行深入研究，并尝试引入。

支持版权快速流转机制的探索和尝试。版权快速流转机制包括版权的快速认定和交易等多个环节。从韩国经验来看，数字认证和交易机制是促进版权快速流转的有效机制。我国北京东方雍和国际版权交易中心在这个方面也做出了积极有效的尝试。我国要继续探索互联网版权快速许可机制，尝试建立国家版权互联网流通体系，构建互联网环境下的高效、健康的数字版权流通体系，依托云计算、大数据、人工智能等先进技术，制定流通规范，加强流通基础设施建设，提升流通公共服务水平，理顺流通渠道，提高流通效率，降低流通成本，扩大流通规模，促进数字版权产业全链条协同发展，共同培育良性的数字版权生态环境。

推动知识共享协议在我国的应用。2006 年 5 月，知识共享中国大陆项目国际顾问委员会成立，顾问委员会为知识共享协议中国大陆项目的发展提供咨询和建议[①]。最近几年，知识共享组织致力于在各个社会领域和地区推广知识共享理念，与搜狐网、中国教育在线等建立了较为密切的合作；同时，还积极参与涉及教育、科学、文化、艺术等不同领域的会议，积极扩大知识共享组织的社会影响。这样一些工作使得知识共享协议在社会上的认识得到了明显提升。建议继续推动知识共享协议在公共政策、教育和文化等领域的使用。

执笔：王怀宇

① http://creativecommons.net.cn/about/history/，2015年11月25日访问。

美国制造业创新中心的运作模式与启示

美国制造业创新中心是公私合作、商业化运营的一个成功实践，通过政府牵引、企业主导、高校和科研机构支持，充分整合各种创新资源，形成了一个“产学研政”合作共赢的创新生态系统，打通了先进制造技术从基础研究到应用研究，再到商品化、规模化生产的创新链条，为美国制造企业提供经过验证的先进制造技术和应用示范，促进前沿创新技术向规模化、经济高效的制造能力转化。我国当前正在大力实施《中国制造2025》，围绕重点行业转型升级和先进制造领域，形成一批制造业创新中心（工业技术研究基地），是其中的一项重大工程。美国制造业创新中心围绕特定的先进制造技术整合创新资源、打通创新链、商业化运作、技术创新与人才培养并重等经验值得我们学习和借鉴。

为重塑美国制造业的全球领导地位和竞争力，美国政府于2012年启动了国家制造业创新网络，以推动先进制造技术向产业转移、向生产力转化。美国国家制造业创新网络的核心单元是制造业创新中心（以下简称创新中心），它担负着特定领域内先进制造技术成果转化与应用推广的职责。经过向社会公开咨询与评估，美国国家制造业创新网络拟建立 45 家创新中心，目前已建成 7 家，分别是美国制造、数字化制造与设计创新中心、未来轻量制造、美国合成光电制造、美国柔性混合电子制造中心、电力美国和先进复合材料制造创新中心。美国制造业创新中心的功能定位、融资方式、治理模式、项目运作及促进创新的举措，对于我国正在积极实施的制造业创新中心（工业技术研究基地）建设工程有一定的借鉴意义。

一、创新中心致力于先进制造技术的转化与推广

美国制造业创新中心在美国国家制造业创新网络扮演着技术“孵化器”的角色，主要功能是加速先进制造技术成果的转化和产业渗透，为美国制造企业提供经过验证的先进制造技术和应用示范，促进前沿创新技术向规模化、经济高效的美国制造能力转化。

（一）致力于先进制造技术的开发、转化与应用

每个创新中心专注于一个特定领域，对处于“竞争前”阶段的先进制造技术开展应用性研究、试验性开发、商品化试制，把实验室环境下的技术能力转化为产业环境下的生产能力，将生产企业转化和应用新技术的风险与成本降到最低，使得先进制造技术成果能够被快速推广到产业界，最终提升美国制造业的竞争力。

（二）围绕特定先进制造技术构建创新生态系统

创新中心通过设置适用于各类机构的多层次会员制度，将政府部门、大中小企业、行业联盟与协会、高等院校、社区学院、国家重点

实验室以及非营利组织等纳为会员，构建了一个以特定先进制造技术为基础、“产学研政”共同参与的创新生态系统，使得创新技术甄别、技术路线选择等更能贴近产业需求。

（三）整合创新资源形成完整的技术创新链条

在构建创新生态系统的基础上，创新中心通过项目定制和招标，推动会员之间紧密联系、信息共享和合作研究，达成共同的利益关注和资源投入，形成从基础研究到应用研究、再到商品化和规模化生产的完整的技术创新链条，使得先进制造技术成果能够得以有效转化和应用。详见图 1。

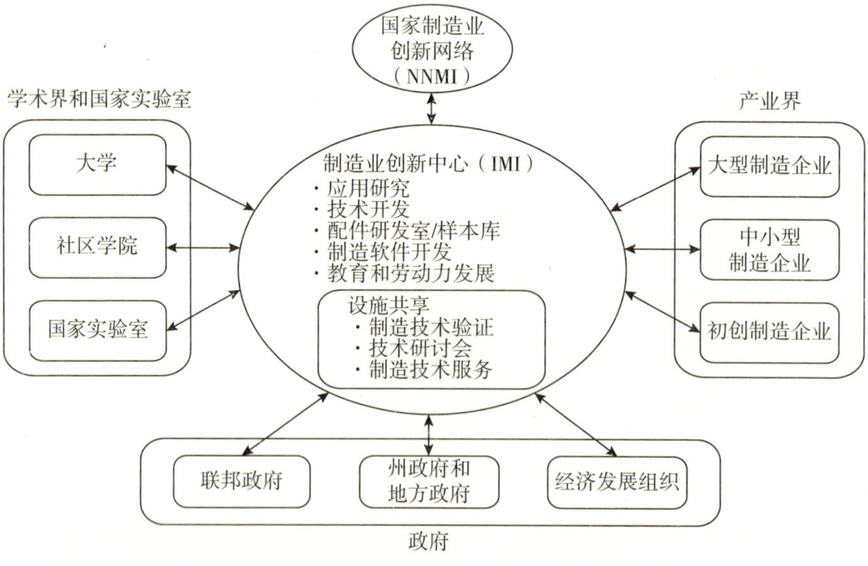

图1　美国制造业创新中心的创新生态系统

二、创新中心采取商业化的运作模式

尽管美国制造业创新中心由美国政府部门主导设立，但具体运作采取了商业化模式。融资方式上，早期由政府出资一部分，后期必须自我持续发展；治理模式上，实行以董事会为核心的商业治理模式；项目运作上，聚焦技术前沿，贴近产业要求，按照市场需求来决定项目支持。

（一）融资方式：初期由政府和会员共同出资，逐渐过渡到自我发展

创新中心由联邦政府和私有部门按照 1∶1 的比例共同出资筹建，形成一个 5 ～ 7 年的合资计划。联邦政府出资总额一般在 0.7 亿～ 1.2 亿美元之间，以逐年递减的形式投入。前 3 年，联邦政府资金主要用于购买设备、启动资金和基础项目资助；第 4 年以后取消启动资金投入，开始资助竞争项目；第 5 年以后取消设备投入，主要资助基础项目和竞争项目。同时，创新中心需建立起一个可持续的收入模式，主要收入来源包括会员费、服务费、技术转化项目筹资、知识产权使用费、合同研究、产品试制、捐款等，并在 5 ～ 7 年后脱离联邦财政，实现资金上的完全独立和自我发展。

（二）治理模式：实行以董事会为核心的商业治理模式

尽管美国联邦机构主导了各个创新中心的技术领域定位、建立和初步融资，但并不直接领导和干预创新中心的运作。创新中心的日常管理一般交由一个独立的非营利组织，要求该非营利组织必须是美国本土的机构，并具备极强的整合“产学研政”各界资源的能力，譬如，美国制造的牵头机构是美国国家国防制造与加工中心，拥有坚实的技术基础和广泛的合作伙伴，在业内有较大影响力。创新中心设董事会，负责中心重大事项的决策。董事会成员来自于各个会员机构，“产学

研政”各方都会拥有一定的席位。此外，董事会还会引入以制造企业代表为主的独立董事。执行董事由负责日常管理的非营利组织带头人担任。创新中心设有一个层级分明的合作伙伴体系，“产学研政”各方会员根据自身条件与意愿，参与到不同的合作层级，承担相应的义务，包括缴纳会费、参与技术开发与成果转化的合作、提供科研资源等，并享受相应的权利，包括董事会席位、技术和知识产权获取、研发设施使用等。譬如，美国制造的会员组成，根据捐助的资金或实物分为白金级、黄金级和白银级，到 2015 年末美国制造已有近 150 家会员。

（三）项目运作：专注于从技术甄别到产品开发的全过程

创新中心的资金主要投入到执行技术开发和成果转化的各类创新项目。每个创新中心都会制定各自的技术转化路线图，起点是对领域内先进制造技术进行甄别，终点是将该技术转化为可规模化生产的产品，中间的每一个环节创新中心都会参与。

1. 技术甄别

创新中心定期举办由“产学研政”各方成员参与的研讨会，甄别出各种为产业界所需、且具有较高转化价值的先进制造技术和工艺，并制订出相应的研究与开发计划。譬如，数字化制造与设计创新中心在技术甄别阶段会形成一个研究开发计划，详细描述当前某个数字化技术领域的开发价值、现状、困难、企业共同面临的问题以及解决这些问题的方法、步骤等。

2. 筹集研发提案

针对所甄别的技术领域，创新中心会发起项目动议，向各个合作成员机构征集研发提案。合作成员机构可自由组队，向创新中心董事会递交各自的研发提案。研发提案要求包含两个核心内容：研发计划和筹资计划。其中，研发计划包含了具体开发步骤和解决方案、成果转化和商业化方案、配套的劳动力技能升级方案等内容。筹资计划要求详细描述联邦政府和各会员机构如何分摊相应的研发成本。

3. 招标遴选

创新中心通过招标，公平竞争选出最优方案，并给予相应的资金资助。最优方案往往要具备四个条件：一是与美国政府的政策和产业发展重点相一致；二是通过公平竞争脱颖而出；三是由能够代表技术创新链各环节的相关机构所组成的综合团队来执行；四是建立起清晰的、全过程的成果转化路径。据此，创新中心能够挑选出最具有开发和应用价值的前沿制造技术，避免了政府及科研机构“拍脑袋”的无效率，最大限度地降低了技术转化风险。

4. 技术开发和转化

所选定的项目进入技术开发和转化阶段后，创新中心会组织更多会员资源，为其提供所需的智力、材料、设施、试验场地、生产车间等资源。高校和科研机构主要是提供智力支持，为技术孵化建言献策。国家实验室提供材料和设施以及交叉学科和特定领域的专业知识。大企业是承接技术开发的重要平台，除资金支持外，还提供技术转化所需的试验场地和生产车间，并联合中小企业共同探索和开发创新技术的商业模式，使先进制造技术能够快速达到规模化应用。

三、创新中心多途径促进技术转化和应用

围绕着先进制造技术成果的转化和应用，美国制造业创新中心形成了多元化的促进举措。这些举措主要沿着两个方向展开：一是以创

新项目为纽带，以中小企业为核心，着力于应用研究和商品化两个关键环节，打通技术成果转化的创新链条，使新技术应用能够快速过渡到量产阶段；二是为新技术的大规模应用扫清各种障碍，包括制定各种应用标准、为新技术应用提供适用性人才等。

（一）充分发挥中小企业科技创新的活力

中小企业是美国技术创新和转化的主体，在“产学研政”组成的创新生态系统中，中小企业是产业界的核心代表，具有极高的参与度和话语权。首先，中小企业在国家制造业创新网络的领导委员会中，保有一定比例的席位。其次，创新中心组建时，要求必须有较大数量的中小企业参与，譬如美国制造 150 个会员中，就有三分之一是中小企业。第三，创新中心运作过程中，它所支持的技术创新项目必须是当前行业内的首要关注领域，这就要求那些掌握前沿技术的中小企业能够充分参与到创新中心中来。

（二）着力于技术成果转化和应用的薄弱环节

一是为企业打通先进技术转化的两个关键环节。创新中心承担了先进技术的应用研究任务，弥补了创新链中从基础研究到商品化的关键一环。同时，创新中心也积极参与商品化环节，在其能力范围内形成新技术应用的原型样机，使企业能低风险、低成本、高效率地从试验性应用快速过渡到规模化生产。二是为企业提供各种专业服务，提升企业承接先进技术的能力，包括提供新技术应用的信息、咨询、设备和培训等各类配套服务，提供与其他会员共同技术开发的合作，促进大中小及初创企业之间的战略合作和经验分享。

（三）强化系统内各会员单位的共享合作

各创新中心都制定有知识产权保护和专利使用权分享制度，以保障其会员机构，尤其是中小企业，能够以合法的方式获得先进制造技术的应用。此外，创新中心还建立了各种共享机制，包括技术设施共享、共同的技能培训、最佳制造技术实践分享、内部成员和外部相关者的信息共享等。通过共享合作，创新中心与会员企业能够达成对先进技术未来发展方向的共识，并在技术应用、人才培养和就业创造上形成共同利益和一致行动，更加高效地实现前沿的、跨领域的技术转化。

（四）主导推进先进制造技术应用标准的制定

创新中心通过与产业界、国内外技术标准制定者及政府部门的通力合作，积极参与并主导适应于新兴技术的各种标准制定。同时，为加快标准推广，创新中心还为制造企业提供各种适应新标准的软硬件设施与服务，包括技术参考数据、科学和工程数据库、技术应用的相关设施等。

（五）建立人才培养机制保障新技术转化和应用的人才需求

创新中心作为教育系统与产业系统之间的桥梁，引导教育系统加快培养新技术应用所需的人才。创新中心通过甄别新技术和新工艺，明确新技术应用所需要的技能与人才，并将此反馈到教育系统，联合高校、社区学校和技术学校，通过设计培训计划和课程、设置技能认证和颁发资格证书、完善“科学、技术、工程和数学”学科的教育大纲、提供实习和实践机会等，为新兴制造业产业输送合格的、匹配的科研人员与技术工人。譬如，未来轻量制造中心将轻量设计课程纳入了美国22个州的教育系统，美国制造中心联合一些制造工程院系推出了3D打印课程，并向1000多所学校捐赠3D打印设备。

四、对我国实施国家制造业创新中心建设工程的启示

美国制造业创新中心是公私合作、商业化运营的一个成功实践，通过政府牵引、企业主导、高校和科研机构支持，充分整合各种创新资源，形成了一个合作共赢的创新生态系统，打通了先进制造技术从基础研究到应用研究，再到商品化、规模化生产的创新链条。我国当前正在大力实施《中国制造2025》，围绕重点行业转型升级和先进制造领域，形成一批制造业创新中心，是其中的一项重大工程。长期以来，我国始终存在着创新链不顺畅、科研机构与企业“两张皮”的问题，导致科研投入较多，但成果转化应用不多、创新效率不高。美国制造业创新中心围绕特定的先进制造技术整合创新资源、打通创新链、商业化运作、技术创新与人才培养并重等经验值得我们学习和借鉴。

（一）制造业创新中心应专注于一个特定的战略性技术领域

为避免创新资源分散，每家制造业创新中心应专注于一个特定的技术领域。技术领域的甄别，要充分听取产业界和学术界的意见，并向更广的利益相关者公开咨询。所选定的技术领域要符合我国制造业发展的现实与长远需求，具有巨大的市场潜力，能够切实促进我国制造业产业能力的提升。创新中心的牵头单位或管理单位最好是该领域内的非营利机构，长期从事本领域相关技术的研究开发，在行业内具有较大的影响力与权威性，有较好的产学研合作基础，能够充分整合

和利用领域内的各种创新资源。

（二）制造业创新中心应围绕构建创新生态系统组建

一是要充分依托地方资源。创新中心可以设在本领域制造业集聚的代表性地区，以便于先进技术成果的转化与应用。美国制造业创新中心的设立地的选择，充分考虑了当地在相关产业、人才、科技等方面的优势以及创新链上下游的配套情况，如美国未来轻量制造创新中心设在底特律，与该地区是美国汽车产业集聚区密切相关。二是要通过多种渠道和方式，如多层次的会员机制，将本技术领域内的大中小企业、高校、科研机构和产业联盟等吸收进入，形成一个“产学研政”协同合作的创新生态系统。创新中心要围绕新技术转化和应用，加强学术研讨、信息共享、设施开放、项目合作等工作，使得创新生态系统能够切实运转起来。

（三）制造业创新中心要以打通技术创新链为核心任务

我国制造业创新中心的主要功能是开展共性重大技术研究和产业化应用示范，核心是推进先进制造技术成果的转化与应用。创新中心应针对我国技术创新链不畅的问题，整合领域内的创新资源，以创新项目为纽带，加强先进技术的应用研究、技术开发和商品化试制，打通技术成果转化的创新链条。创新中心首先要对本领域内的先进制造技术进行甄别，然后对选定的技术要制定明确的转化路线图，形成不同创新环节的研发项目，再以招标等形式向由企业、高校和科研机构等组成的科研团队发放，最终将先进制造技术转化为可规模化生产的产品，为产业部门快速规模化生产创造条件。

（四）制造业创新中心应采取灵活的运作机制，充分发挥产业和企业的主导作用

制造业创新中心作为一种新型的、专注于应用开发的公共研究机构，具体运作上应采取新模式、新机制。创新中心设立和组建时，政府需发挥主导作用，但在具体运作时，政府不能再“包办”，其融资方式、治理模式及项目运作，要充分发挥产业和企业的主导作用，以产业和市场的实际需求为根本出发点，采取商业化、市场化的运作模式。创新中心内部要建立起合作共享、利益一致的运行机制，激发系统内各机构的创新活力，各尽其能、各得其所，大企业要发挥资金、信息和生产设备的优势，中小企业要发挥对新技术敏感的优势，高校和科研机构要发挥基础研究和科研人才的优势，政府部门要发挥统筹协调的优势。

（五）制造业创新中心要为先进制造技术后续的应用推广创造条件

把技术成果转化为商品或应用性示范只是制造业创新中心的第一步工作，最终是要把先进技术推向市场，能够为企业大规模应用，形成产业的制造能力。为此，创新中心既要充当技术“孵化器”的角色，也要为后续的应用推广创造条件、扫清障碍、铺平道路。一是要为先进制造技术的应用制定各种标准，使其能够为相关各方所接受；二是要成为产业部门与教育部门之间的桥梁，促进教育部门将先进制造技术的技能要求纳入教育体系，为新技术的大规模应用培养出大批量、多层次的实用型人才。

执笔：袁东明　郑舒丹

重建应用研究体系，促进企业创新发展

我国应用型公共研究体系经历了从立到破、再重新探索的过程。在当前创新发展的新形势下，产业和企业转型升级对应用研究的需求越来越大，而我国企业综合实力相对较弱，自身无法承担应用研究的任务，应用型公共研究不足已成为我国技术创新链的一个短板。重建我国应用型公共研究体系非常必要，也非常迫切。重建我国应用型公共研究体系要坚持以地方为主、活力优先的原则，处理好应用研发资源存量与增量的关系，创新应用研发机构的体制机制，既建机构又建机制，形成一个多头并举、共同参与、承上启下、具有活力的应用研究体系，为产业和企业提供强有力的技术支撑。政府在重建应用研究体系中，要发挥机构设立、资金支持、方向引导等作用，有效支持各类应用研发机构的发展。

技术创新链顺畅是一个国家创新效率高、创新成果源源不断的重要基础。应用研究是技术创新链的重要环节，是连接基础研究与企业应用的桥梁。创新引领的国家都非常重视应用研究，形成了具有活力的应用研究体系。我国应用型公共研究体系经历了从立到破、再重新探索的过程。在当前创新发展的新形势下，产业和企业创新发展对应用研究的需求越来越大，应用型公共研究不足已成为我国技术创新链的一个短板。重建我国应用型公共研究体系非常必要，也非常迫切。

一、我国应用型公共研究体系经历了从立到破、再重新探索的过程

应用型公共研究是指共性技术的应用开发活动，具有公共性和应用型两大特征。应用型公共研究体系是所有从事应用型公共研究的机构集合及其内在机制。改革开放前，我国应用型公共研究体系相对比较完整，国民经济的各个产业门类基本都有一家国家级的技术研发机构，同时各地又有一批相对应的科研机构，政府几乎包揽了所有的应用研究任务。改革开放后，这些科研机构由于体制机制上不能适应市场经济的要求，成为科研与经济“两张皮”的重要症结，于是从 20 世纪 90 年代中期开始，我国采取了“稳住一头，放开一片”的政策举措，从中央到地方数百家应用型科研院所进行了企业化改革，要么改革为独立的科技型企业，要么并入到行业内的大企业，使其能够在自负盈亏的压力下尽快适应市场经济的要求。这样原有的应用型公共研究体系也随之被打破。

进入新世纪以后，尤其是 2008 年全球金融危机以来，随着我国制造业转型升级的压力陡增，珠三角、长三角等东部沿海发达地区的产业和企业对应用型技术的要求越来越迫切，而技术研发部门却又难

以有效满足。针对这一突出矛盾，各地政府和企业都做了一些积极探索，核心就是试图重建我国应用研究体系。

一是中国科学院与部分地方省市合作，在制造业集聚区域，建立了多所院地合作的研究机构和30多家育成中心，如深圳先进研究院、苏州纳米研究所、宁波材料研究所、佛山育成中心等。这些机构的共同特点是：地方政府通过项目研究给予经费支持；依托科学院强大的基础研究，专注后续的应用研究和技术开发；瞄准当地产业需求，通过技术应用和成果转化，助推地方产业的转型升级。

二是部分地区通过重构地方应用研究组织体系，整合区域内应用研究力量，激发应用研究机构的创新活力。典型的如江苏产业技术研究院，成立于2013年，聚焦于产业核心技术、共性关键技术的应用开发，对接企业与高校及国家科研院所，以加盟的形式将省内主要应用型研究机构纳入进来，形成了一个“平台＋专业研究机构＋企业”的应用研究体系。成立两年多以来，江苏产业技术研究院已累计完成1000多项技术成果转化转移。

三是一批企业化运作的新型研发机构在广东、江苏等地蓬勃发展。以深圳光启研究院、华大基因、江苏数字信息研究院等为代表。这些机构的共同特点是：自负盈亏的主体，以研发活动为主，基于应用研发的高技术企业。由于企业化运作，这些研发机构都特别重视科研成果的市场适用性和产业化发展，有效解决了科研与经济“两张皮”的问题。如成立于2010年的深圳光启研究院，以超材料、临近空间技术等新兴前沿技术为方向，形成了从源头创新到成果产业化的全创新链条。

二、重建应用型公共研究体系是我国企业创新发展的迫切要求

（一）产业和企业创新发展对应用型公共研究需求迫切

1. 经济新常态下，我国产业转型升级和产品中高端发展，核心技术瓶颈问题凸显

现阶段，我国依靠大规模技术引进来提升传统产业和发展新兴产业的空间越来越小，迫切需要通过形成内生的技术创新策源，来推动产业转型升级和产品中高端发展。从 2012 ~ 2015 年我国制造业上市企业研发资金和人力资本的投入情况来看，制造业转型升级表现出了行业间横向深化显著、行业内纵向深化不突出的特征，即更高比例的研发资金和人力资本投向了电子设备制造、电气机械制造、医药制造等技术密集型行业，而在行业内部，大部分制造行业都没有表现出创新资源向优势企业集中的趋势。这就表明，我国制造业产品结构向中高端发展的趋势并不明显，一个重要原因就是行业内存在核心技术瓶颈，急需外部应用研究力量帮助解决。

2. 我国绝大部分企业技术力量弱，自身难以担负应用研究的重任

我国制造业领域有实力的大企业不多，大量是中小企业，有产业制造能力，但缺乏产业研发能力，自身难以担负应用研究的任务，对公共应用研究的需求非常突出。比较创新领先国家的技术创新链，我们可以发现，在应用研究环节，不同条件的国家有不同的做法：一些企业力量比较强的国家，如美国、德国、韩国等，大企业承担了主要的应用研究任务，政府主要发挥资金资助和引导作用；一些企业力量相对较弱的国家，如芬兰、瑞典、以色列等国家，政府资助设立的公

共科研机构支撑应用研究的作用非常突出，譬如芬兰，政府设立的国家技术研究中心和29所技术学院是芬兰应用研究的主体，作为高校、科研机构与企业之间的桥梁，聚焦于竞争前技术的应用研究，为企业开发和推广先进技术降低不确定性。当前，我国企业力量尚不能担负主要的应用研究任务，需要提升公共应用研究力量，发挥应用型公共研究的支撑作用。

（二）现阶段应用型公共研究不足已成为我国技术创新链的短板

我国研发投入规模不断扩大，研发强度逐年提升，但研发效率并没有随之显著改善，应用研究环节薄弱是一个重要原因。一是大量中小企业没有能力承担应用研究任务；二是公共应用研究机构改制为企业后，共性技术研究力量被削弱；三是尽管各地结合新形势做了很多探索，也有很多经验，但距离具有活力的公共应用研究体系仍存在着较大差距。

1. 专业应用型公共研究机构改制为企业后共性技术研究力量被削弱

专业研究机构改制为企业后，迫于自负盈亏和业绩考核的压力，将更多精力放在了能够带来短期经济效益的专有技术和产品开发上，同时自身也往往会介入生产制造领域，转变成了“商业性企业”或“商业性企业＋研发服务公司”，削弱了共性技术研发和下一代技术开发储备的公共服务功能。譬如钢铁研究总院，1999年改制为中国钢研科技集团后，积极为钢铁企业提供技术服务，同时向下游延伸发展材料产业，目前已成为年收入近百亿元的高科技产业集团。另外一些专业研究机构改制后，由于不适应市场，难以独立生存，要么被淘汰、要么被合并成了某个大企业的研发机构，譬如我国第一批改制的19家国家级研究院中，目前只剩6家独立存在，其余均已被并入了行业内的大企业，不再承担公共应用研发功能。

2. 科学院与地方合作的应用型公共研究机构受科研管理体制约束，多存在激励不足、机制不活、上下不配套等问题

上下不配套主要表现在科技成果与市场需求不配套、科研人员与企业家价值取向不一致等两个方面，科研人员注重学术评价，企业关注市场价值，科学院研究成果往往很难直接被企业所应用。而作为体制内的科研机构，院地合作机构人员编制、薪酬结构、绩效评价等同样受到现有科研管理体制的约束。深圳先进研究院在这方面有所创新，如将人员与编制分离，推行理事会决策机制和应用导向的激励机制等，但其他院地合作机构在这些方面并没有突破。另外，育成中心尽管机制灵活，但多是围绕着某项技术的科研团队展开成果转化，与地方企业的结合度低，技术集成能力欠缺，很难将技术转化为市场化大规模应用的产品。

3. 企业化运作的新型应用研发机构未完全纳入公共体系

当前我国研发服务外包市场还处于起步阶段，企业化运作的新型应用研发机构一般只能靠自我发展产业，通过自有盈利来支撑研究工作。同时，在生存压力下，企业化运作的研发机构往往只能追着市场跑，研发任务碎片化、低端化，无法形成对长期性、战略性、共性技术的持续投入。当然，随着各地对新型研发机构的日益重视，地方政府对企业化研发机构的支持也在加大，但大多是通过分散的、短期的科研项目给予支持，并没有真正将其纳入到公共研发体系中来。此外，相比官方科研机构，企业化运作的研发机构在户籍指标、职称评定、国家科技项目申请中都处于劣势，无法吸引优秀人才和稳定研究团队，也难以通过前沿创新研究的共同参与来持续提升研发能力。

三、重建我国应用型公共研究体系的若干建议

（一）统筹规划、地方为主、活力优先

重建我国应用型公共研究体系要摒弃过去由政府大包大揽的做法，调动和利用好各方力量。首先，国家层面要加强统一规划和统筹协调，加大对应用研究的资金支持和政策引导，推动我国科研力量更多向下游扩展。其次，地方政府应成为重建应用型公共研究的主体。地方政府对区域内的技术需求情况掌握多，推动本地产业转型升级的意愿强，对接高校、国家科研院所等基础研究力量的渠道又较为畅通，有条件成为培育区域应用型公共研究的主体。最后，以具有活力为优先原则。重建应用型公共研究体系重要的是加强机制建设，要立足于产业创新发展的要求，以满足市场需求为导向，积极利用社会上各种应用研发力量，发挥各自优势，形成一个具有活力、多层次的应用型公共研究体系，共同为产业和企业提供强有力的技术支撑。

（二）盘活存量、用好增量、多头并进

盘活存量、用好增量的关键是要在应用研发机构的管理体制和运行机制上有突破。首先要进一步完善院地合作的投入、分配和激励等机制，强化院地合作研发项目的产业化导向，充分调动科研院所、地方政府、科研人员和当地企业等各方的积极性；其次，让已改制为独立企业的专业应用研究机构继续承担公共研究的职能，明确其在行业共性技术研发等方面的非营利主体地位，通过财政拨款、企业收入留成等办法确保其研发活动的公益性和长期性；最后，把企业化运作的新型应用研发机构纳入到公共研究体系中来，通过基础设施投入、项

目经费支持、成果奖励等形式，让其承担部分公共的应用研究任务。

应用研发机构的增量新建要与盘活存量结合起来，充分利用已有的应用研发资源。一方面要鼓励地方通过院地合作、机构整合、企业新设等形式，积极探索各类新型应用研发机构的建设，形成多头并进、共同参与的地方应用研究体系；另一方面国家在统筹新建应用研发机构时，也要充分考虑结合现有的研发机构，譬如《中国制造 2025》提出要在全国形成 40 家左右的制造业创新中心，制造业创新中心就是典型的应用研发机构，无须全部新建，有条件的可以嫁接在地方科研院所或企业化运作的新型研发机构上，但要有新的功能和新的机制，不能只是简单的挂牌、流于形式。

（三）创新应用型研发机构的体制机制

过去我们有完整的应用型公共研究体系，但由于没有活力，不适应市场，最后只好推向市场。新形势下我们重建应用研究体系，重要的不在于有没有各司其职的研发机构，而在于整个体系有没有活力，能不能为产业和企业的转型升级提供持续有效的技术供给。为此，我们必须创新官办应用型研发机构的体制机制。深圳先进技术研究院之所以能够走出一条推动科技成果转化的成功路径，关键就在于敢于创新体制机制，体制上科学院对先进院进行充分授权，机制上先进院将基础研究与产业化相融合、科研人员与企业相融合，从而激发了科研团队和整个研究院的创新活力。

（四）围绕应用研发机构构建创新生态系统

应用研发机构是技术创新链的中间环节，具有承上启下的功能。以应用研发机构为核心构建创新系统，可以达到事半功倍的作用，也是创新领先国家的普遍做法。应用研发机构要以形成产品和解决方案的综合技术集成开发为目标，整合本领域内的大中小企业、高校、基础型科研机构和科技中介等，构建一个“产学研政”协同合作的创新生态系统。在这个创新生态系统内，应用研发机构要通过搭建项目孵化、转化、中试等平台，整合国家科研项目、企业创新资助、风险投资等多方资源，为共性技术、科技成果转化等提供从小试、中试到产业化推广的各种支持。

（五）政府要有效支持各类应用型研发机构的发展

重建我国应用型公共研究体系，政府要发挥主导作用，但应局限在机构设立、资金支持、方向引导等方面，主导设立而不主导运作，支持发展而不包办运转。在这一点上，创新领先国家的一些做法值得我们借鉴，如美国近几年新建的制造业创新中心，就采取了公私合作、商业化运作的模式，政府主导设立了创新中心，并投入了启动资金，而后期的治理、经营等都交由创新中心独立完成。针对当前我国应用型研发力量薄弱的现状，政府要加大对各类应用型研发机构的支持力度，同时也要将支持资金集中在关键环节，确保支持的有效性，如在应用研发机构设立初期，要支持其进行基础设施投入；在研发经费上，应实施基于第三方绩效评价的方法，给予所有研发机构公平公正的财政支持。此外，政府要切实帮助应用研发机构解决一些共同难题，如针对普遍存在的中试投入大、资金筹集难的问题，积极设立中试投资基金，通过引导社会资本参与、改善科技金融环境等举措共同来解决中试难题。

执笔：袁东明　程　郁